人が働くのはお金のためか

浜 矩子

青春新書
INTELLIGENCE

序章

「21世紀の労働」に目を向けるわけ

1 今、その時が来た

人と幸せをつなぐ蝶番《ちょうつがい》としての労働

今回もまた、新たな発見の旅に出ようとしている。今回のテーマは「労働」である。

労働経済学の名だたる専門家が内外に揃《そろ》い踏みされている中で、筆者がこの旅に出てしまうことは、いささか気が引ける。履歴書などの中では、筆者の専門分野は「マクロ経済学・国際経済学・国際金融」などとなっている。そんな筆者が、労働をテーマに一冊の本を書こうとするなんて、大丈夫？　僭越《せんえつ》じゃない？　荷が重すぎない？　そう思われる向きが多々おいでになりそうである。

確かにそうだ。労働に関わる諸問題にしっかり切り込んでいくには、国々の労働法制や労働慣行、労働運動史などに精通しているのが、本来の要件だ。だが、これらのことについて、「まかせとけ！」と大見得を切る資格は、筆者にはない。この点、重々、自らを戒めつつ、慎重に旅の足取りを制御していかなければならない。なかなかハードルが高い。

だが、それでも、「今こそ、その時」の感が強い。なぜなら、筆者は、長らく経済活動は人間の営みだと言ってきた。人間の営みである以上、経済活動は人間を幸せにできなければいけない。そう訴え続けてきた。

多少なりとも人間を不幸にするようであれば、その営みは経済活動ではない。その名に値しない。一見、経済活動であるかに見えても、人間を不幸にし、人権を侵害するようであれば、その活動は経済活動ではない。まがい物の経済活動だ。そう力説し続けて今日にいたっている。

その中で、ある時からあることを意識し始めた。その「あること」とは、人間の営みである経済活動の中で、労働がいかに中核的な位置を占めているか、という点である。

人間は生活が安定していれば幸せだ。幸いなるかな、良き生活を享受できる人。人間は、生存権が保障されていれば幸せだ。幸いなるかな、生命の危機から解放されている人。人間は、自己実現できていれば幸せだ。幸いなるかな、生きがいに満ちた人。人間は、他者と愛の絆《きずな》で結ばれていれば幸せだ。幸いなるかな、互いに愛し合える人々。

そして、これら全ての幸せの条件と人々を結び付けるとても重要な結節点が、労働だ。そう言ってよさそうだ。筆者はそう思うにいたっている。

人々は労働することを通じて生活の安定を手に入れる。労働することがもたらす収入が、彼らの生存権を保障する。少なくとも、そうでなければならない。労働の場が、彼らに自己実現の可能性をもたらす。これまた、そうでなければならない。労働の場における出会いが、人々の愛ある絆形成の可能性をもたらす。これまた、同上。かくして、労働は、人と幸せをつなぎとめる蝶番。そう言っていいだろう。この蝶番に変調が生じれば、人間と幸せは決別を強いられることになる。

このように立論してくれば、経済活動が人間の営みであり、したがって経済活動は人間を幸せにできなければならないと考えてきた筆者が、労働というテーマに目を向けないわけにはいかない。この結論が手繰り寄せられてくる。経済活動の本質を見極めようとすればするほど、労働というテーマと向き合うことになる。次第にこの認識が深まってきた。

そして、この認識に立脚した時、見えてきたものがもう一つある。それは、今日的な時代環境の中で、どうも、人と幸せをつなぎとめる蝶番としての労働の役割が、かつてなく危うくなっているのではないか、という点である。このことが、筆者の目を、労働に一段と引き寄せる。

今日的労働は、人と幸せをつなぎとめる蝶番としてはかなりひしゃげた形になってしまっているように見える。むしろ、人を不幸に結節してしまう怖い蝶番と化してしまっているのではないか。そのように思える。そんな狂った蝶番を見過ごすわけにはいかない。労働という名の蝶番を解体分析し、その修繕方法を考えることなくしては、21世紀の経済活動が、人間を幸せにするというその本来の姿を確立することができるか否か、見極めがつきそうにない。かくして、今、その時が来たというわけなのである。

『鏡の国のアリス』再び

今その時が来たということになると、ある長編詩の一節が筆者の脳裏に浮かび上がってくる。次の通りだ。

〈セイウチいわく、「その時が来た。多くのことについて語るべき時だ。靴や、船や、封蝋《ふうろう》や。さらにはキャベツや王様や。そしてなぜ海が沸き立つように熱いのか。そし

てまた、豚に羽根が生えているのかどうか」〉

（ルイス・キャロル著『鏡の国のアリス』より。翻訳筆者）

よくご承知の通り、『鏡の国のアリス』は『不思議の国のアリス』の続編である。これもまたよくご存じの通り、作者はかの不条理おとぎ話の名手、ルイス・キャロル大先生だ。この一節を含む長編詩は、本当に長い。アリスは、変な双子のトゥイードルダムとトゥイードルディーによるこの超長編詩の全篇朗読パフォーマンスに付き合わされる。ようやく最後まで到達した時、そこにはとても怖い結末が待ち受けている。だが、さしあたり、この怖い結末はここで申し上げようとしていることとは、直接の関係がない。よって、先に進みたい（ご興味が湧かれた向きは、是非、トゥイードル×2のパフォーマンスをご参照下さい）。

筆者は、今、まさにこのセイウチさんの心境に浸っている。今、まさにその時が来ている。多くのことを語るべき時だ。キャリアや、ジョブや、ギグワーカー、さらにはプレカリアート。そしてなぜ、人々は労働するのか。そしてまた、ミネルバの梟《ふくろう》は飛び立つのかどうか。

こいつ、何やら、ルイス・キャロル先生並みにシュールな構えを取って、奇をてらおうとしているだけじゃないの？　そう思われてしまうかもしれない。だが、決してそうではないのである。実を言えば、筆者が「その時が来た」感を味わい、『鏡の国のアリス』のこの部分に思いを寄せるのは、これが初めてではない。

かつて、暗号通貨、あるいは暗号資産というものがまだ今日ほどには人口に膾炙《かいしゃ》してはいなかった頃、筆者は、いずれはこのテーマに本格的に取り組んで、まとまった文章を書かなければならないなと考えていた。そう考えつつも、なかなか、踏ん切りがつかないでいた。だが、ついに機が熟したと感じる局面に到達した。その時に、セイウチさんの「その時が来た」に思いが及んだのである。

まさに「その時」の経緯について、拙著『「通貨」の正体』（集英社新書、2019年）の中で書いている。この本は、集英社の季刊誌『kotoba（コトバ）』で2016年から2018年にかけて連載させて頂いた内容に加筆修正したものである。連載の方で暗号通貨について「その時が来た」と書いたのは2017年5月のことだった。あの時、「ここで暗号通貨について書かなければ、いつ書くのか」と思った。そのとたんに、『鏡の国のアリス』におけるくだんの場面の挿絵が目の当たりに浮かんできたのであった。

そして今、全く同じ感覚を味わっている。まさしく今、労働について多くのことを語るべき時が来たという思いが高まっているのである。今、筆者が、労働というテーマに向けようとしている眼差しは、セイウチさんが言う海のように、沸き立つ熱さに満ちている。

ミステリーゾーンへの旅立ち

さて、ここまで来れば、やっておかなければ先に進めないことが一つある。それは、そもそも労働とは何か、という点の明確化である。より正確に言えば、本書で「労働」という言葉を使う時、それがカバーする範疇をどう設定するかということである。

これもなかなか難題ではある。何をもって労働というか。労働することと働くことは同じか。仕事と労働は同義か。労使関係という言い方をする。だが、労働側も使用者側も仕事をしている。経営者も、企業経営という仕事をしている。仕事と労働が同義なら、経営者もまた労働者だということになるのか。職業人は労働者か。

こういう風に考え始めると、軽いめまいがしてくる。だが、ようやく旅支度《たびじたく》を始めたという段階でめまいを起こしている場合ではない。何とかしなければいけない。

ここはまず、定石に従って辞書に助けを借りよう。「労働」を引けば、次のようになっている。

〈からだを使って働くこと。特に賃金や報酬を得るために働くこと。また、一般に働くこと〉

なるほどね。まず、本書の分析対象としての労働を、「からだを使って働くこと」に限定するわけにはいかないだろう。「一般に働くこと」の方でいくべきところだ。しからば、「働く」とはどういうことか。また辞書を引く。次の通りだ。

〈肉体・知能などを使って仕事をする。職業・業務として特定の仕事をもつ〉

ここまで来れば「仕事」もその意味を確認しなければならない。またまた辞書を引く。次の通りだ。

〈するべきこと。しなければならないこと。生計を立てるために従事する勤め。職業〉

これ以上、突っ込んでいくとエンドレスになりそうだ。これくらいのところで本書で使う労働という言葉の意味内容を整理すれば次のようになるかと思う。

「労働するということは働くことであり、働くとはすなわち仕事をするということだ。そして、仕事とは、職務としてなすべきことである」

かなりフワフワした設定だし、職務とか職業の範囲をどうとらえるかという問題もある。「職務としてなすべきこと」でなくても、自分の好みと選択によって携わっている活動は、仕事ではないのか、などという疑問も生じる。「労働」は、なかなかのミステリー言葉だ。そして思えば、労働にまつわる諸々のミステリーを謎解きしていくことこそが、本書の旅の課題なわけである。このように考えれば、労働の定義をあまり厳密に窮屈にここで決めつけてしまわない方が、むしろ得策なのかもしれない。

本項の冒頭で、労働とは何かを明確にしなければ、次には進めないなどと言いながら、こんなところにたどり着いてしまうのも変な話ではある。だが、やはり、この思考プロセスを経ることは必要だったと思う。ここから先は、前記のフワフワ設定を頭の片隅におきつつ、21世紀の労働という名のミステリーゾーンに果敢に踏み込んでいきたいと思う。

2　どのような目を「21世紀の労働」に向けるのか

21世紀の労働に向ける目は3つある

ミステリーゾーンを旅するに当たっては、それなりの気構えが必要だ。どういう観点から、21世紀の労働という名のミステリーゾーンを俯瞰《ふかん》し、何に焦点を当ててズームインしていくのか。視野を定めなければならない。散漫なアプローチで旅に臨むわけにはいかない。散漫さは見落としにつながる。旅の行く先々で発信されてくる重要なメッセージを聞き洩《も》らしてしまう恐れがある。

前節では、今、筆者がなぜ21世紀の労働に目を向けるのかを整理した。それは、今、その時が来たからであった。それを受けて、本節では、筆者が21世紀の労働に向ける目が、どのような目でなければならないのかということを自分に言い聞かせておきたい。これは、この旅が行き当たりばったりなものにならないための、自分への戒めだ。

もっとも、旅には行き当たりばったりさも必要ではある。目的意識が強すぎることもまた、散漫さと同様に見落としにつながる。わき目も振らず猪突猛進の旅には、味わいがない。肝心な発見ができないままで終わるかもしれない。この辺りにしっかり注意を払った上で、「向ける目」をここで性格づけておきたいと思う。

「向ける目」は大別して3つある。今回の旅に出る筆者は「三つ目小僧」だ。3つの目は次の通りである。

1.『21世紀の資本』の姉妹編としての目
2.『人はなぜ税金を払うのか』の続編としての目
3.『愛の讃歌としての経済』の続編としての目

三つ目小僧のそれぞれの目が意味するところを以下にお示ししていきたい。

ブームを引き起こした『21世紀の資本』

皆さんはフランスの経済学者トマ・ピケティの著作、『21世紀の資本』(みすず書房、2014年)をご記憶だろうかと思う。

2013年にフランス語の原書が発行され、2014年から世界中で翻訳書が大ベストセラーになった。日本でも、あの超分厚くて値段も張る翻訳本が売れに売れまくった。「ピケティ現象」が大いにメディアを沸かしたものである。

一大ブームを引き起こしたこの著作の中で、ピケティは、富裕層の不労所得の増大と集中が経済格差の拡大をもたらすメカニズムを解明した。そして、グローバル化の進展とともに、富の偏在が一段と進んでいると指摘した。この分配上の歪《ゆが》みを是正するための方策として、ピケティは国際的な資本課税の導入を提唱した。今日このテーマは、国々の国際課税論議の中で大きな位置を占めている。

『21世紀の資本』は決して読みやすい本ではない。基本的に学術書だから、面白おかしく読み進むことができるわけではない。持ち歩こうとすれば重い。そしてかさばる。だが、これら諸々の制約にもかかわらず、世界で、日本で、人々がこの著作に群がった。

その有様《ありさま》は、さながらアダム・スミスの『国富論』刊行時のごとしだった。アダム・スミス大先生は経済学の生みの親だ。本書にも、後ほど、ご登場頂く。大先生が1776年に『国富論』を刊行したことによって、経済学という学問ジャンルが確立した。

『国富論』もまた超大作だった。分厚くて重くてかさばる巨大本だった。ところがそれが、爆発的に売れた。当時の人々が、旧態依然たる重商主義のロジックに飽き飽きしていたからだろう。世の中、何かがおかしい。どうも納得がいかない。そう人々が感じていたところに、「労働価値説」と「見えざる手」という画期的な論理を引っ下げて、経済社会の斬新な分析フレームが躍り出てきた。だから人々は、待ってましたとばかりに『国富論』に飛びついたのだろう。『国富論』が書かれたことで、人々は、自分たちが『国富論』の出現を待望していたことに気がついた。そんな状況だったに違いない。

『21世紀の資本』についても、同様だったと思う。格差と貧困。富の偏在。巨大資本のあまりにも圧倒的な巨大さ。これらのことに人々が不可思議さを覚え、恐れを感じ、憤懣《ふんまん》を募らせている。この時代状況に、『21世紀の資本』の主張と提言が大いに響いた。そうそう。我々はこういうことを言ってくれる本を待っていたのだ。この打てば響く感が、人々をして『21世紀の資本』に群がらせたのだと思う。

野生化した主義なき資本と向き合う「21世紀の労働」

ところで、ピケティ本について筆者が最も評価しているのが、『21世紀の資本』というタイトルである。こんな書き方をすると、あたかも、タイトル以外には評価するところがないと言いたげな雰囲気になってしまうが、もとより、そういうことではない。重要な著作だと思う。それはそれとして、このタイトルのつけ方が筆者の感性に実にピッタリとくるのである。「21世紀の資本論」でもなければ、「21世紀の資本主義」でもないところがとてもいい。なぜそうなのかと言えば、筆者が、今は〝主義なき資本〟の時代だと考えているからだ。

20世紀最後の10年から始まったグローバル化の中で、ヒトもモノもカネも従来にはなかったスケールで国境を越えるようになった。中でも、凄《すさ》まじい規模と速度で国境を越えるようになったのが「カネ」、すなわち「資本」である。資本はグローバル化した。

資本主義経済というもののカラクリをカール・マルクスが『資本論』で見抜いた頃、資本はまだ、今日のような動き方はしてはいなかった。全く国境を越えていなかったわけではないが、今のようなスケールやスピードをもって資本の越境運動が日常化していたわけではない。つまり、資本主義的生産体制というものは、国民国家、あるいは国民経済の仕組みが基本的に堅固な中で成り立っていた。

だがいまや、こうした枠組みは、グローバル化の進展の中で大きく揺らいでいる。

新型コロナウイルスによるパンデミックやロシアのウクライナ侵攻によって、グローバル化の流れが逆流し始めたかのように見られる面はある。とはいえ、『資本論』が書かれた時代の枠組みがそのまま戻ってくるとは考え難い。確かに『資本論』の論理は精緻にして不滅だ。しかしだからといって、今日の資本の動きを、19世紀的な資本主義体制の枠組みの中に再び封じ込めることはできないだろう。

だからこそ、資本主義の危機が叫ばれたり、従来とは異なる資本主義の有り方を模索したりする論議が、あちこちで盛行するようになっている。筆者が〝アホダノミクス男〟と命名した岸田文雄首相（命名の趣旨については後述する）までが、月刊誌『文藝春秋』に、「私が目指す『新しい資本主義』のグランドデザイン」とする記事を緊急寄稿するような状況になっているのである（『文藝春秋』2022年2月号）。

越境運動がいまだかつてなく活発化する中で、今日の資本は、資本主義の枠組みと袂《たもと》を分かってしまった。つまり、資本の〝主義なき資本化〟である。

こうなると、何が起こるか。それは資本の「野生化」だ。筆者はそう考えている。自由奔放に、勝手気ままに国境を越えて動く資本に対して、資本主義の枠組みは制御力を失った。野生化した資本の狂暴性を抑え込めるものがなくなっているのである。

今日の資本は、『資本論』が執筆された時のようには動いていない。ただし、労働に対する搾取《さくしゅ》の基本原理が崩れたわけではない。この原理に関するマルクス先生の教えは今でも鋭く立派に通用する。『資本論』の中でマルクス先生が、当時の工場現場の実態を描出し、そこで行われている「剰余価値《じょうよかち》創出」のカラクリを解明してくれる時、そこで語られていることは、まるで今日の労働現場に関するルポルタージュのようである。

だが、野生化した今日の資本は、当時の工場現場とは比べるべくもなく多様で広範な職場で、当時とは比べるべくもないあの手この手で、人々から余剰価値を吸い取っている。こうなってくると、資本と対峙する関係にある労働についても、その21世紀的有り方を追求する研究や分析が展開される必要があるのではないか。そのように思えてくるのである。

野生化した〝主義なき資本〟に対抗するには、今日の労働もまた、あの当時とは異なる形で防備を固め、攻めの構えを整えなければならないだろう。つまり、「21世紀の資本」なるものが出現していて、その生態に焦点を当てた画期的著作が書かれている以上、それと対をなす姉妹編として、「21世紀の労働」が書かれるべきだと考えられるのである。これを筆者が手掛けようというのは、かなり大それた発想である。とんでもなく僭越だと言った方が妥当だろう。ピケティ先生にこの企《くわだ》てを察知されれば、逆鱗に触れるだろう。だから、これはピケティ先生には内緒である。こっそりと、筆者によるささやかな「21世紀の労働」の探求を試みていきたい。巨大でもなく、重くもなく、かさばることもないバージョンである。だが、それでもベストセラーになればいいのだが、これは余計な下心だ。

人は無償の愛の表現として税金を払う

三つ目小僧となった著者が、21世紀の労働に対して向ける第二の目が、『人はなぜ税金を払うのか』の続編としての目である。『人はなぜ税金を払うのか』は、2020年に世に出た拙著のタイトルである。東洋経済新報社から刊行させて頂いた。

このテーマも、ある時から筆者の頭の中に棲《す》みついていたものである。我々には、なぜ納税義務があるのか。国々には、なぜ徴税権があるのか。これらのことについて、我々も国々も、詰めが甘い。理解が浅い。どうもそう思われてしかたがない。一度、この問題の徹底解明に挑みたい。そう考えるようになった。

すると、面白いことに、講演や講座依頼を受ける際に、税金をテーマにしてほしいというご要望が増えるようになってきた。日本の消費税が、10％に引き上げられる見込みが濃厚になり始めた頃からのことだ。

消費税の増税にはどういう正当性があるのか。増税で得られた税収が、何のために使われるのであれば、我々はそれを受け入れられ、また、受け入れるべきであるのか。どんな使い道が示されている時、国々の徴税権は正当化されるのか。所得が伸びず、就労環境も不安定化する中で、人々の厳しい目が税金に向けられるようになりつつあったのである。

そこで、好機到来の予感を感じた筆者は、ある講演のテーマを、思い切ってズバリ「人はなぜ税金を払うのか」にすることとした。その時の拙話に、東洋経済新報社の編集者が目を止めて下さり、同名書の刊行へと運んだのであった。

この本の執筆過程で、改めて確信を得たのが、税金は自分のために払うものではないということだ。納税行為に、1対1の受益性を求めてはいけない。対価を求める納税は真の納税ではない。税金は他者のために納めるものだ。その他者が誰であるかを特定しようとしてはいけない。お気に入りの誰かのためになるなら、税金を払う。誰のために使われるか解らないような税金なら、そんなものは払わない。この発想には、一見、合理性がありそうだ。厳しい納税姿勢として評価されてよさそうだ。

だが、それはやっぱり違う。税金は、広く世のため人のために、四の五の言わずに払うものだ。納税は、見返りを求めない無償の愛の表れでなければならない。

徴税側も、このことを徹底的に理解しておかなければならない。無償の愛の表現という崇高な行為の果実を、国民から頂戴する。このことを痛感し、押し頂きながら、税金の頂戴の仕方と使わせて頂き方を考えていく。こうして納税倫理と徴税倫理がぴったり重なり合った時、そこに、高品位な租税体系の姿が浮かび上がってくる。

「人はなぜ」シリーズ第二弾のテーマとしての労働

この「税金本」を書いたことで、筆者の中に新たな税金観が形成された。それと同時に、

「人はなぜ○○するのか」というテーマ設定はなかなかいいという感触を抱いた。正面切った問いかけだから、逃げやすり替えが利かない。身も蓋《ふた》もないと言えば身も蓋もない。それだけに、徹底追求でいくほかはない。ズバリとした答えに到達しなければならない。この厳しさが意義ある発見につながる。その実感を噛《か》み締めた。

そこで、労働というテーマに取り組む「その時が来た」と感じ始めた時、次は「人はなぜ働くのか」でいこうかと考えた。この感覚からいけば、本書は「人はなぜ税金を払うのか」の続編である。ひょっとすると、ここから「人はなぜ」シリーズが生まれるか？　などと妄想したりする。

だが、結果的に本書のタイトルを「人はなぜ働くのか」にするわけにはいかないと考え直した。類似タイトルの既刊書があまりにも多いからである。具体的には次章で見るが、人と労働との関係に焦点を当てた実に多くの著作が刊行されている。それだけ、広く世の中の関心を集め続けている領域だということである。取り組みがいがあるというものだ。

本のタイトルには、オリジナリティが求められる。そこで、兼ねてより温めていた「21世紀の労働」をメインタイトルにしたいと考えた。しかしご覧の通り、結果的に本書のタイトルは、『人が働くのはお金のためか』となった。筆者としては少々不本意だ。だが、オビに大きく「21世紀の労働」と掲げて頂いたので、我慢することにした。

いずれにせよ、資本が野生化し、主義なしとなった今、人はなぜ働くのか、どう働くのか。本書では、それを問いたい。

人は無償の愛の表現として経済活動に携わる

三つ目小僧の向ける三つ目の目は、『愛の讃歌としての経済』の続編としての目だ。『愛の讃歌としての経済』もまた、拙著のタイトルである。本書の直近著で、2022年2月にかもがわ出版が「深読みＮｏｗシリーズ」の第一弾として世に送り出して下さった。この拙著を上梓するに当たっては、一つのいきさつがあった。詳しくは同著の序章で披露させて頂いている。

ある講演会で筆者がお話をさせて頂いた時のことである。拙話の後にバイオリン演奏があるという仕立てになっていた。内外でご活躍中の斎藤牧子さんが「愛の讃歌」を弾いて下さったのである。ご存じ、エディット・ピアフの名曲だ。

なぜ、「愛の讃歌」なのか。主催者からこの曲をリクエストされた斎藤さんは、当初、少々いぶかしまれたそうだ。だがそれはきっと、講演会の主催者が、筆者の経済学を「愛の経済学」だととらえられたからだろう、と解釈して頂いたのである。これには大感激した。そして決意を固めた。『愛の讃歌としての経済』という本を書こうという決意である。この決意に、かもがわ出版の三井隆典会長が呼応して下さった。

経済が「愛の讃歌」であることは、実をいえば当然だ。なぜなら、あまりにもしつこい繰り返しになってしまうが、経済活動は人間の営みで、したがって経済活動は人間を幸せにできなければいけない。そして、そこに愛がない状態で、人間は幸せになれるわけがない。だから、経済には間違いなく、愛がなければならない。『愛の讃歌としての経済』を書き進む過程で、この認識は、確信と信念に昇華した。

愛にも色々ある。このことについても、『愛の讃歌としての経済』の中で様々な角度から吟味した。結論的に言えば、至高の愛は無償の愛だ。何ら見返りを求めず、依怙《えこ》贔屓《ひいき》を一切しない愛。それが愛の本質だ。

この本質的愛を、聖書の中で「アガペー」と呼ぶ。このアガペーこそ、人間を幸せにできる真の経済活動を裏打ちする愛だ。アガペーに裏打ちされていない経済活動はまがいものだ。偽物の経済活動だ。『愛の讃歌としての経済』はこの結論を導出した。『人はなぜ税金を払うのか』を書くことで、納税は、無償の愛の表れだという認識が固まった。『愛の讃歌としての経済』で、そもそも、経済活動がその総体において無償の愛に根づいていかなければならないということを改めて確信した。

ここを出発点として、今度は「労働」に目を向ける。愛の讃歌としての経済の中で、21世紀の労働はどのような位置を占めるのか。無償の愛の塊でなければならない経済活動の中で、21世紀の労働はどのような姿を呈さなければならないのか。『愛の讃歌としての経済』の問題意識をそのまま踏襲する中で、21世紀の労働を考える。その視点を確たるものとすることが、三つ目小僧の、3つ目の目の役割である。

三つ目小僧は旅に出る

さて、これで何とか旅支度が概《おおむ》ね整った。この旅に臨むに当たって、筆者は三つ目小僧になる。1つ目の目は、『21世紀の資本』の姉妹編としての目。2つ目の目は『人はなぜ税金を払うのか』の続編としての目。そして、3つ目の目は『愛の讃歌としての経済』の続編としての目だ。

1つ目の目は、「21世紀の資本」と対峙する「21世紀の労働」の有り方に焦点を当てる目だ。

2つ目の目は、「人はなぜ○○するのか」の視点を意識して、労働を見つめ直す目だ。その際にも、21世紀の資本と向き合う「21世紀の労働」の有り方を意識しておかなければならない。

3つ目の目は、経済活動はその本質において無償の愛に根ざしていなければいけない、という認識から視野がずれない目でなければならない。21世紀の資本と、21世紀の労働が、どのような形で出合うことができれば、そこに愛の讃歌としての経済が出現するのか。それを見極めようとする目でなければならない。

かくして、三つ目小僧は新たな旅に出る。三つ目は不気味で嫌だとおっしゃらず、お付き合い頂ければ幸いだ。

人が働くのはお金のためか ● 目次

序章　「21世紀の労働」に目を向けるわけ

第1章 湧き上がる「人はなぜ働くのか」論

2 就活支援サイトの呼びかけ 64

第2章 2つの「人はなぜ働くのか」論を比べてみれば

第3章　日本の21世紀の労働者たちが当面している状況

第4章　かつて人々はどう働いていたのか

終章 「21世紀の労働」を呪縛から解き放つために

第1章

湧き上がる「人はなぜ働くのか」論

1　読者たちの問いかけ

三つ目小僧、文献リストを作成する

序章で、本書のメインタイトルに「人はなぜ働くのか」を持っていくわけにはいかないと書いた。その理由は、類似タイトルの既刊書や情報サイトがあまりにも多いということであった。このことに筆者が気づくにいたった経緯とともに、具体的な状況を、以下にご紹介しておきたいと思う。

労働ミステリーゾーンを旅する三つ目小僧の〝第二の目〟は、「人はなぜ」シリーズの第二弾としての目であった。このように設定したところで、筆者は、「人はなぜ働くのか」でネット検索を行った。同名書などがないか、「念のためチェック」のつもりだった。ところが、「念のため」どころではなかった。ズバリ、「人はなぜ働くのか」をタイトルに掲げたサイトは実に枚挙にいとまなしだった。類似性の高い書名や、明らかに近接領域を取

り扱っていると思われる書名も多々目に止まった。
これには、少々怯《ひる》んだ。だが、早々に気を取り直した。本書の取り組みに対して、これだけ多くの論者や試みが示唆を与えてくれている。それらの示唆を取り込み、理解し、解釈することが、三つ目小僧の旅を密度の高いものにしてくれるだろう。そう考えて気を良くすることにした。

そもそも、既存の文献や情報の収集と読み込みは調査研究の定石であり、基本動作だ。そこで、早速、取り組むことにする。まずは文献から見ていく。今回、ネット検索から出発した調査過程で、いくつかの著作が筆者の関心を引いた。
それらを列記すれば、次の通りだ。正直なところ、これらの文献を全て通読したわけではない。このリストをどう使ったかについては、すぐに後述する。

〈〝なぜ働くのか〟に関する文献リスト〉

(1)『働くことの意味』（清水正徳 著、岩波新書、1982年）
(2)『だれのための仕事　労働vs余暇を超えて』（鷲田清一 著、岩波書店、1996年）

(3)『近代の労働観』(今村仁司 著、岩波新書、1998年)

(4)『働くということ　グローバル化と労働の新しい意味』(ロナルド・ドーア 著/石塚雅彦 訳、中公新書、2005年)

(5)『働くことの意味』(橘木俊詔 編著、ミネルヴァ書房、2009年)

(6)『新しい労働社会 ――雇用システムの再構築へ』(濱口桂一郎 著、岩波新書、2009年)

(7)『いま、働くということ』(橘木俊詔 著、ミネルヴァ書房、2011年)

(8)『私たちはなぜ働くのか　マルクスと考える資本と労働の経済学』(佐々木隆治 著、旬報社、2012年)

(9)『「働くこと」を問い直す』(山崎憲 著、岩波新書、2014年)

(10)『〈働く〉は、これから ――成熟社会の労働を考える』(猪木武徳 編、岩波書店、2014年)

(11)『働くことの哲学』(ラース・スヴェンセン 著/小須田健 訳、紀伊國屋書店、2016年)

(12)『なぜ僕らは働くのか　君が幸せになるために考えてほしい大切なこと』(佳奈 著/

池上彰 監修、学研プラス、2020年）

⒀『ブルシット・ジョブ　クソどうでもいい仕事の理論』（デヴィッド・グレーバー 著／酒井隆史ほか 訳、岩波書店、2020年）

⒁『働くことの人類学　仕事と自由をめぐる8つの対話』（松村圭一郎／コクヨ野外学習センター 編、黒鳥社、2021年）

ご覧の通り、ここでは発行年ベースの時系列に従って本を並べているが、この中でまず筆者の目を引き寄せたのが、⑻の『私たちはなぜ働くのか　マルクスと考える資本と労働の経済学』（佐々木隆治 著、2012年）、そして⑸の『働くことの意味』（橘木俊詔 著、2009年）と⑺の『いま、働くということ』（橘木俊詔 著、2011年）だった。これらを起点として、本書の編集者の迅速・的確なサポートに支えられつつ作り上げたのが、このリストだ。

このリストを作るに当たっては、いささか癪《しゃく》で不安感もあったが、かのアマゾン社の書籍通販サイトを大いに活用した。ご承知の通り、このサイトで検索したり閲覧したり購入したりすると、たちどころに、類似領域のお薦め商品がずらずらと並べ上げられてくる。

筆者のリストは、このお薦め商品ラインアップを基に作成したものだ。文献検索のやり方としては、かなり邪道だ。アマゾン頼みでは、網羅性も全く保障の限りではない。だが、本書は学術書ではないので、ここは大目に見て頂きたく思う。

さらにいえば、この作業過程で、アマゾン頼みのこのやり方には、本書の問題意識との関連で実は結構な効用があるということに気づいた。その効用とは、各書籍について投稿されている「読者のブック・レビュー」が、大いに参考になるということである。

なぜ参考になるかといえば、そこに「人はなぜ働くのか」を巡る今日的な世相が表れているからだ。読者の皆さんは、どうして、〝人はなぜ働くのか〟を知りたがっているのか。どのような感性とどのような関心に基づいて、〝人はなぜ働くのか〟を解明しようとしているのか。どんな環境の下で、どのような働き方をしている人が、〝人はなぜ働くのか〟の答えを突き止めたがっているのか。これらのことが、皆さんのレビューの中から浮かび上がってくる。そう思えてきたのである。

このような観点から、皆さんのブック・レビューに対する「レビュー」を筆者が行えば、そこから労働ミステリーゾーンの謎を解く各種の鍵を手に入れることができるのではないか。そう考えるにいたった。そのように首尾よく取り運べば、この「レビューのレビュー」は、「人はなぜ働くのか」というテーマについて、あたかもアンケート調査や面談調査を実施したかのような成果をもたらしてくれるのではないか。もしそうであれば、一連の著作そのものから得られる示唆もさりながら、「レビューのレビュー」にこそ、大きな価値がありそうだ。そう考えたのである。

こんな言い方は、諸著の著者に失礼極まりない。もちろん、それぞれの著書の論考から大いに学ぶ所存だし、学びつつある。それに加えて、読者の皆さんへの間接インタビュー的要素を「レビューのレビュー」から取り込む。それを試みようとしているのである。

いざ、進行。

三つ目小僧、「レビューのレビュー」に乗り出す

「レビューのレビュー」を試みるに当たって、筆者は前出の14冊の書籍について、アマゾンのサイトに掲載された読者レビューを、およそ120点拝読した。そのうち104点が、以下の考察の源泉となっている。

104点の読者レビューの中には、高い頻度を持って登場するキーワードやフレーズ、

共通する関心事項・不安材料・疑問点などが多く見受けられた。それらを列記してみれば、左のようになる。
　この中には読者レビューに登場する文言をそのまま記載しているものもあれば、そこで語られている思いや展開されている論理を、僭越ながら筆者が圧縮整理したものもある。文言の並べ方も、筆者の発想に基づくものだ。類似性や近接性があると考えられる文言はグルーピングしてみた。なお、この中には、前出の文献リストのうち、(12)『なぜ僕らは働くのか　君が幸せになるために考えてほしい大切なこと』（佳奈 著／池上彰 監修、2020年）に関するものは含まれていない。この文献については、別途に後述することとした。その理由も、そのセクションに到達したところでご説明申し上げたい。

〈読者レビューにおける頻出ワード〉

労働観の変遷
偉人たちの労働観
苦役としての労働
喜びとしての労働

まじめに働くことの意味
現代の労働観の特殊性
労働そのものの内在価値
アイデンティティ生成のための労働
自分探しの道としての労働
生きがい・自己発見・自己実現のために働く
働くことが人間の本質
働くことを喜ぶべしという同調圧力
我々を労働に駆り立てる強迫観念
21世紀の労働者
疎外《そがい》された労働
承認欲求
やりがい詐欺

さて、「人はなぜ働くのか」関連文献に関する熱きブック・レビューの中から抽出したこれらの言葉から、今を生き、今働いている人々のどんな心情や感性が浮かび上がってくるのか。

いの一番に筆者の注目の的となったのが、労働観の歴史的変遷に、レビュアーたちの関心が集まっているという点である。だから、筆者作成の頻出ワードのリスト上でも、「労働観の変遷」を冒頭に掲げている。レビュアーたちは、今、自分たちが抱いている（あるいは抱かされている）労働に関する価値観が、どのような歴史的経緯の中で出来上がってきたのかを知りたがっている。この願望は、リスト上で二番手に挙げた「偉人たちの労働観」への関心の集まり具合にも表れていると思う。

ここで言う「偉人たち」は、アリストテレス、トマス・アクィナス、マルチン・ルター、ジョン・ロック、アダム・スミス、マックス・ウェーバー、カール・マルクスなどだ。偉大な思想家や理論家たちは、人が働くということにどんな価値を見出しているのか。人は、働くということとどう向き合うべきなのか。今、働いている人々は、これらのことについて、偉大な頭脳の持ち主たちから示唆を得たいと考えている。

今働いている人々が、労働観の変遷と偉人たちの労働観から示唆を得たいと思うのは、それだけ彼らが、今日的に通念化している労働観に疑念を抱いているからだ。どうも、今日的な労働観に納得がいかない。彼らはそう感じている。筆者にはそう思える。この疑念と不納得感がどこから来るのかを探り当てて、労働との正しい向き合い方を体得したい。すっきり爽やかな思いとともに、今働き、今を生きたい。レビュアーたちのこうした切実な思いが、レビューのレビューの中から筆者に語りかけてきた。

こうした思いに駆られた探索の中で、レビュアーたちは、「労働は苦しみなのか、喜びなのか」という次の問いかけに到達する。そして、発見する。労働が喜びであり、それ自体の中に価値が内在していて、だからこそ働くことは人間の本質なのだというとらえ方は、近代以降のものだということを。それ以前の古典的世界においては、労働は「労苦」と位置づけられていたことを。

これらの発見は、明らかにレビュアーたちを喜ばせている。この発見に基づいて、彼らは現代の労働観の特殊性を理解し、そこに揺るぎない普遍性が備わっているわけではないということを認識する。働くことを喜ぶべし、という同調圧力をはねのけようと決意する。生きがいや自己発見や自己実現のために働くのだ、などと思い込むことをやめることにする。自分探しのために働くという観念を振り払う。何も、働くことが人間の本質だなどと考えなくてもいい。労働に喜びを感じなくてもかまわない。こんな仕事やりたくない、と思う自分に罪悪感を抱く必要はない。専門家たちの歴史分析をはじめとする様々な研究が、これらのことを立証してくれている。そう読み解いたレビュアーたちは、自分たちを労働に駆り立てる強迫観念から、自分を解き放とうと考える。

こうした一連の感じがビシビシ伝わってくる中で、筆者はいささか複雑な心境に陥った。なぜなら、序章で筆者は、労働は「人と幸せをつなぎとめる蝶番」であるはずだ、と書いている。このフレーズがここで取り上げているレビュアーたちの目に止まれば、一笑に付されてしまいそうな気がしてきた。激烈なネガティブレビューを書かれてしまうかもしれない。このフレーズを目にしたとたん、彼らはそこから先を読むことをやめてしまうかもしれない。パニック！

いや、ここでパニックになってはいけない。落ち着いて考えれば、レビュアーの皆さんと筆者の感性は、決してかけ離れてはいない。逆方向を向いているわけではない。というのも、筆者は「労働は、人と幸せをつなぎとめる蝶番」宣言の数行後に、「今日的な時代環境の中で、どうも、人と幸せをつなぎとめる蝶番としての労働の役割が、かつてなく危うくなっているのではないか」と書いている。レビュアーたちが今日的な労働観に対して露《あら》わにしている疑念は、まさに、筆者がここで言っていることを裏づけてくれている。そう考えられる。

したがって、「労働は、人と幸せをつなぎとめる蝶番」宣言を目にするや否や、直ちに本書を蹴飛ばされた方々を別とすれば、それなりにこの旅にお付き合い下さるのではないかと思う。そう確信しておこう。

21世紀の「労働者」と、21世紀の「労働」の関係

というわけで、気を取り直したところで、レビューのレビューを進めたい。

次に筆者の目を引き寄せたのが、「21世紀の労働者」という言葉だ。レビュアーたちは、自分たちが21世紀を生きる労働者だということを明確に意識している。そして、従来型の労働観が、21世紀の労働者にも当てはまるのか否かを問いただしている。

この発見は、筆者にとって大いに心強い。筆者は「21世紀の労働」の視点から、今、人々はなぜ働くのかを考えようとしている。本書の基本姿勢は、今、働いている人々の問

題意識と重なっている。そのことが、「21世紀の労働者」というレビュアーたちのキーワードの中に表れているのである。これで、先のパニックはすっかり解消した。

しかも、である。関連あるもう一つの驚くべき発見があった。何と、ある一人のレビュアーが、「『21世紀の資本』を読んだところなので、大学図書館にあった、同書を読み始めた」と書いていたのである。ここでいう「同書」は、さきの文献リスト中の(9)『「働くこと」を問い直す』(山崎憲 著、2014年)だ。『21世紀の資本』を読んだので『「働くこと」を問い直す』という題名の本に手が伸びるというのは、筆者にとって何とも我が意を得たりである。

資本が21世紀化して、主義なき野生の道を突っ走っている以上、労働側もまた、21世紀的な対応力を身につける必要がある。だから、筆者は『21世紀の資本』の姉妹編として、「21世紀の労働」を書く。序章でそう申し上げていた。このように決意した筆者にとって、21世紀の労働者が、『21世紀の資本』を読んだから働くことの意味を改めて問い直したいと思ったというのは、実に喜ばしいことだ。旅する三つ目小僧の第一の目に、21世紀を生きる労働者のお墨付きを得た。

ところで、21世紀の働くブック・レビュアーたちの間には、とても興味深い見解の相違がある。これも、「レビューのレビュー」の中から浮上した注目点である。

あるレビュアーは、資本主義社会の持つ原罪である「疎外された労働」という概念が、21世紀の労働者が働き方を探っていく上でも、貴重な手がかりになるはずだと述べている。「疎外された労働」とは、自分たちがつくり出したものから引き離されてしまい、自己決定力を失って、人間性を喪失した労働だ。このレビュアーは、この状態が21世紀の労働者にも当てはまると考えているのである。

これに対して、別のレビュアーは、産業社会であった20世紀までは「労働の本質が、人間の肉体的活動であった」と指摘し、現在の「知的創造活動を主体とする労働」は、それとは本質的に異なるものだとしている。かつての労働者は「労働時間を企業に提供する弱者」だったが、今日の労働者は「専門的な知識をもった特殊な労働者（マネージャ）」であり、そのような労働者は、もはや弱者ではないのだと言っている。

カネを出すのは資本家だが、事業の実施主体は専門家集団としての労働者たちなのであるから、21世紀においては資本家と労働者はパートナーなのだと主張している。さらには、弱者型の労働と、「金融取引を実際にやっているトレーダーや、病人を相手としてその治療に専念する医療従事者たちの労働は、質的に違ったものである」とも論じている。

この一連の分析は、実に示唆に富んでいる。レビュアーの見解はごもっともだ。理に適《かな》っている。だが問題は、実態が、この理に適う分析に合致した姿を呈しているかということである。レビュアーが言う金融トレーダーや医療従事者たちは、その専門性に見合う待遇を受けているか。「知的創造活動」に従事する専門家たちを、資本家たちはパートナーとして扱っているか。様々な分野で働く21世紀の労働者たちは、どこまで、「労働時間を企業に提供する弱者」の立場から解放されていると言えるか。

それどころか、高い専門性を有しながら、安上がりにこき使われている面が多分にあるのではないのか。フリーランスで仕事をしているプロフェッショナルたちは、自分たちの知的サービスを利用する企業から、理不尽な扱いを受けているのではないのか。それに抗《あらが》えない、まさしく弱者の立場にあるのではないのか。

結論先取り的になってしまうが、どうも問題の本質は、21世紀の資本が、21世紀の労働者に対して、20世紀あるいはそれ以前並みの扱いを適用しているところにあると言えそうに思える。

21世紀の労働者は、自分たちの知的創造活動の成果に見合う待遇を受けていない。その意味では、まさに前出のレビュアーが指摘していた通り、彼らもまた「疎外された労働」の立場に置かれている。そのことから彼らの気をそらすために、働くことこそ人間の本質であり労働にはそれ自体に内在的価値がある、という論理が振りかざされているのではないのか。この秘められた構図の存在を敏感に察知しているから、21世紀の労働者たちは、「喜びとしての労働」論に背を向ける。そういうことではないのか。

こうなると、「21世紀の労働」と「21世紀の労働者」の関係が微妙なものに見えてくる。「21世紀の労働」の有り方が、「21世紀の労働者」にふさわしいものになっていない。ここが、ことの真相なのではあるまいか。

これらのことについて、本書の旅を通じて考えていきたい。

恐怖の承認欲求と、ホームズ先生の言葉

レビューのレビューを続ける中で次に注目したいのが、「承認欲求」と「やりがい詐欺」という2つのキーワードだ。

「承認欲求」は、人的資源管理という分野で重要な位置を占めている。力を認めてもらい

たい。成果を評価してもらいたい。他者から高い評価を得たい。この「欲求」が、人々の働く意欲を駆り立てる。この力学が、今日において「人はなぜ働くのか」という問いかけに対する決定的な解になっている。この考え方が、大いにレビュアーたちの関心を集めていた。この概念を巡って、レビュアーたちの揺れる思いがひしひしと伝わってきた。

承認欲求に基づいて働くことを、肯定すべきなのか、否定すべきなのか。

肯定派は、承認欲求の中に「利他性」を見出している。他者を喜ばせたい。この思いに駆られて仕事をするのが承認欲求動機に基づく労働なら、それはいいじゃないか。そう考える人々がいる。

かたや、承認欲求とは、すなわち他者に認められたいという願望にほかならないという理解がある。そうなのであれば、それはもっぱら、利己的な感性だ。この利己的承認欲求に基づく労働は、人々を振り回す。人々を激烈な競争へと駆り立てる。上司からの好評価を巡る争奪戦が熾烈を極める。こんな状態に陥るのはまずい。承認欲求の利己的側面に着目したレビュアーたちは、そう考えた。

いずれが正解かの判断は難しい。ただ、もしも21世紀の資本が、21世紀の労働者たちの承認欲求をくすぐることで、彼らに、20世紀以前的な労働の有り方に甘んじることを受け入れさせようとしているなら、それはとてもおぞましいことだ。

21世紀の資本が魂ある資本なのであれば、取り組むべきテーマは、21世紀の労働者たちにふさわしい「21世紀の労働」の有り方を探り当てることだろう。これが奏功するためには、21世紀の労働者側からの協力も必要だ。自分たちが求めているのはどのような労働の有り方なのか。それを突き止め、それを21世紀の資本に向かって提示していかなければならない。このやり取りが上手くいった時、21世紀の資本家と21世紀の労働者は、さきのレビュアーが提示していたようなパートナー関係に踏み込むことができるだろう。


「承認欲求」というテーマと背中合わせ、あるいは肩を寄せ合っている感があるのが、「やりがい詐欺」の概念だ。レビュアーたちも、この言葉に敏感に反応している。

これはなかなか言い得て妙な言葉だ。教育社会学者の本田由紀氏がこの問題を指摘した。経営者が支払うべき賃金や手当の代わりに、労働者に「やりがい」を強く意識させることにより、本来支払うべき賃金の支払いを免れようとする経営者の行動を指す。承認欲求が満たされれば、それ以上に多くを求めない。経営者が従業員をそんな心境に誘導することができれば、やりがい詐欺大成功というところだろう。

ここで、〝the work is its own reward〟というフレーズが頭に浮かんだ。かの超名探偵、シャーロック・ホームズ先生のお言葉だ。『ノーウッドの建築業者』という作品の中に出てくる。「私にとっては、仕事自体が報酬なのだ」とホームズ先生がおっしゃっているのである。こういうことを言う人がいるから、「やりがい詐欺」が成り立ってしまうのだろう。「仕事自体が報酬」なのだと言われてしまうと、高額報酬狙いで仕事をしている面々は赤面してうつむくしかない。

この問題に言及しているのが、文献リスト中の⒀『ブルシット・ジョブ　クソどうでもいい仕事の理論』（デヴィッド・グレーバー 著／酒井隆史ほか 訳、２０２０年）だ。

著者いわく、今の世の中には、カネ目当ての人間が、社会的価値の高い仕事に就くのは良くないと考える傾向がある。裏を返せば、社会的貢献度の高い仕事に従事する人々は、そのこと自体に喜びと光栄を感じるべきなのであって、高額報酬など要求してはいけないという理屈になる。だから逆に、何の社会的価値もない仕事、すなわち「クソどうでもいい仕事」に携わる人々には、せめて高額報酬くらい与えられないとかわいそうだ。今日の労働観の中には、こんな転倒した論理が忍び込んでしまっている。だから、クソどうでもいい仕事をする人たちが高額所得者である一方で、エッセンシャルワーカーたちが低所得に甘んじることを強いられている。この著者はこのように指摘している。

この指摘に、レビュアーたちが敏感に反応しているところが見落とせない。この点は、本書の『人が働くのはお金のためか』というメインタイトル（このタイトルに関する筆者の思いについては、序章で述べた）との関係で注意を要する。このタイトルには、下手をするとやりがい詐欺の道具立てに使われかねない面が潜んでいると思う。暗に、人が働くのはお金のためではないと言っているのだと思われてしまえば、問題だ。

筆者がこのレビューのレビューの中で出会った21世紀の労働者たちは、カネのために働くのは卑《いや》しいという類《たぐい》の論理に鋭く抵抗する傾向が強い。ホームズ先生流の「仕事自体が報酬」論に対して、「貧困層を舐《な》めている」として怒りをぶつけるレビュアーがいた。この感覚は実にまっとうで大切だ。21世紀の労働者にふさわしい21世紀の労働の有り方は、このまっとうな感性をしっかり受け止められるものでなければいけない。

このことを胸に刻み込みつつ、先に進む。

21世紀の怯える若者たち

ここで、別途に後述すると申し上げていた文献リスト中の⑿『なぜ僕らは働くのか　君が幸せになるために考えてほしい大切なこと』（佳奈 著／池上彰 監修、2020年）に目を向けておきたい。

この著作については毀誉褒貶《きよほうへん》が実に著しく、レビューも実に多数の読者が投稿している。「様々な不安を抱えた、迷える今日の若者たちに是非読んで欲しい」。こういう趣旨のレビューが多々ある。その一方で、こんなものは「おかしな宗教本」だという意見があり、この本を若者たちに読ませてはいけない、読ませたくない、という論評も数多い。後者のネガティブレビュアーたちは、この著書の中にやりがい詐欺の色調を見出している。

筆者は、どちらかといえばネガティブレビュアーたちの見解に賛同する。だが、それはそれとして、ここで取り上げたいのは、この著書への賛否問題それ自体ではない。

この著書に対しては、若者たちからの多数の読後感想がネット上にアップされていた。出版社が用意したものかと思われる。その内容にかなり愕然《がくぜん》とした。

例えば、次のようなものがあった。

〈「大丈夫。つまずいたら立ち上がればいい。」というセリフが印象に残りました。読み終わった後、何かを話すと大切なことが抜けていく気がして、口を開けませんでし

た（13歳　中学生）〉

〈「働く」や「将来」から目を背けて逃げていたけど、この本を読んで向き合いたいと思いました。周りの子たちは将来の夢を見つけていて、それに遅れているのが悔しいと思っていました。この本のおかげで、あせらずゆっくりでいいんだと気づくことができました（15歳 高校生）〉

〈自分の将来が不安でしたが、この本を読んで気持ちがすこしスッキリしました。これからの人生、悔いのないように過ごしていきたいです（17歳 高校生）〉

〈自分の将来の探り方、それに勇気や努力の必要性をこの本が教えてくれました。自分に少し自信が持てて、この本を読む以前より未来が明るく見えた気がしました（16歳 高校生）〉

〈自分には可能性があることをこの本が教えてくれて、とても前向きになれました

〈12歳 小学生〉

〈仕事を始めてからも夢は見つかる、という内容が印象に残った〈18歳 高校生〉〉

今の若者たち、子どもたちは、何と悩んでいることか。何と苦しんでいることか。何と不安で一杯であることか。そう思えてしまって辛《つら》くなった。胸が痛んだ。若者が悩むことが一義的に悪いことだとは言わない。悩むことは知性の高まりにつながる。

だが、ここで思いを語っている若者たちは、いかにも追い詰められている。強迫観念に駆られている。いかにも息苦しそうだ。救いを求めて、心の中で悲鳴を上げている。

彼らの悲鳴は、すなわち、彼らの身近にいる大人たちの悲鳴だ。

働くこととの関わりで、大人たちが取りつかれている迷いや不安や自信喪失、いたたまれないような承認欲求、振り切りたいが振り切れない「やりがい詐欺」への同調圧力。これらのことがのしかかり、押しつぶされそうになっている大人たち。彼らの苦しさが、「なぜ僕らは～」本に対する若者たちの感想の中から染み出している。

このままでは21世紀の労働者たちは、〝21世紀の資本がつくり出した〟21世紀の労働の有り方にからめ捕られて、窒息死してしまう。

それを回避するにはどうするか。解決すべき問題はこれだ。このことを改めて確認したところで、次のテーマに踏み込んでいきたいと思う。

2 就活支援サイトの呼びかけ

三つ目小僧、3つの箱をつくる

前節の「レビューのレビュー」の材料づくりを進める中で、もう1つの発見があった。本章の冒頭でも申し上げた通り、それは、「人はなぜ働くのか」関連の情報サイトの多さである。しかもそれらのほぼ全てが、「若者向けの就活支援サイト」だったのである。

前節の終盤では、「なぜ僕らは〜」本に注目した。この著作に寄せられた若き、そして幼き読者たちの感想の中からは、働くことを巡る彼らの苦悶の様相が滲《にじ》み出ていた。就活支援サイトの提供者たちは、若者たちがあのような悩み方をしている現状に対して、機敏に反応しているのである。

数あるサイトの中から、8つのサイトを選んで読み込んだ。内容的に共感できるか否かはさておき、情報量の多さと、まとまりの良さを選択基準とした。

そして、前節でご覧頂いたやり方を踏襲して、諸サイトを横断的に眺めて、目に止まったキーワードやキーフレーズの抽出を試みた。この作業の結果を、以下のように検討していった。

まず、抽出した文言をジャンル別に仕分けして、各ジャンルに名前をつけてみた。ジャンル名は3つ、すなわち、

「働く理由」
「カネのために働くのか」
「働く理由に関する模範回答」

である。すなわち、筆者が検討対象サイト向けに投げた〝投網《とあみ》〟に掛かってきた文言は、概ね、この3つの〝箱（ボックス）〟に仕分けができるということだ。

ここから、その3つのボックスの中身を、順次見ていくこととしたい。

「働く理由」ボックスには、さらに8つの区画がある

「働く理由」ボックスに収まった一連の文言は、さらに8つのタイプに小分けすることが妥当だと考えられた。「働く理由」ボックスの中は、**8つの区画**に仕切られているのである。それぞれの区画にも名前をつけてみた。それが次の通りである。

〈「働く理由」ボックス　8つの区画〉

「カネ」「自己実現」「社会貢献」「承認欲求」
「自立」「地位獲得」「他者との絆」「その他」

この**8つの区画**の中に、各サイトから入ってきた文言は次のようになった。

「カネ」区画

生活の糧《かて》を得る
お金を得るために働く

労働の対価としてお金をもらう幸せ
お金のため
お金を稼ぐため
生活のため
収入を得て生活するため

「自己実現」区画

自己実現、自分の成長のため
生きがいを見つけるために働く
自分の才能や能力を発揮するために働く
自分なりのアイデアや工夫で働くことで感じるやりがい
自分のため（自己実現・やりがいや自身の成長）
やりたいことを実現するため
仕事を通して成長したい
自分を成長させるため

好きなことを全《まっと》うするため
希望するライフスタイルを実現するため
理想のライフスタイルを実現したい

「社会貢献」区画

社会貢献
社会の一員として、務めを果たすために働く
自分の仕事が世の中の役に立つことで感じるやりがい
世間や会社の役に立つことで感じるやりがい
社会に貢献するため
社会や人のため（社会貢献）
社会に貢献したい

「承認欲求」区画

「ありがとう」「あなたがいて助かった」と感謝される幸せ

成果を上げ評価されることで感じるやりがい
職場から大切にされることで感じるやりがい

「自立」区画
自立した生活をするため
親に頼らないで遊びたい
親に頼らず自立しようとしているところが一番尊敬できる

「地位獲得」区画
社会的地位獲得のため
高い地位や権力を得るため
キャリアアップのため

「他者との絆」区画
人とつながって生きるため

人と関わりたい・社会とつながりたい

「その他」区画

仕事や働く場所があるという幸せ
仕事をすることで大切な家族を支えられる幸せ
社会人としてのプライド
仕事をすること自体が楽しい
将来の不安を解消したい
働くことで色々な経験を積みたい

これらの区画の風景を眺めて、何が言えるかを考えていきたい。

はじめにカネありき、されど…

「カネ」区画について注目すべきは、全ての検討対象サイトにおいて、「働く理由」として真っ先に、このテーマが出てきていたという点である。

「働く理由」ボックスにおいて、**「カネ」区画**は筆頭ポジションに位置づいている。働くためのモチベーションとして、何はともあれ「カネを稼ぐ」という動機を押さえておく必要がある。いずれの就活支援サイトも、このことを若者たちに印象づけたいようだ。

ちなみに、ある1つの検討対象サイトでは、２０１９年に発表された内閣府の「国民生活に関する世論調査」に言及している。

18歳以上の男女に「働く目的は何か」を聞いたところ、「お金を得るために働く」という回答が全体の56・４％を占めていたという。30代の回答者においては、この比率が72・2％に達していた。21世紀の若き労働者たちにとって、生活資金の確保は大きな就労動機になっているのである。だからこそ、就活支援サイトの設計者たちも、まずは、ここを出発点としてサポート体制を整えようとしているわけだ。

さて、ここでまた、本書の『人が働くのはお金のためか』というメインタイトルが気になってくる。現状において、21世紀の労働者たちは、明らかにお金のために働いている。そのことを否定するわけにはいかない。このことは踏まえておく必要がある。このことと、本書はどう折り合いをつけるか。どのような結論に到達すべきなのか。それを突き止めなければいけない。この認識を脳内付箋《ふせん》に書き込んだ上で、先に進む。

実を言えば、この点との関わりで何とも不可解というか興味深いというか、引っ掛かるのが、前述の通り、ここで区画別検討を進めている**「働く理由」ボックス**の次に来るのが、**「カネのために働くのか」ボックス**だということである。

つまり、21世紀の多くの労働者が「お金を得るために働く」のだと言っている現実を踏まえていながら、就活支援サイトは、「カネのために働くのか」と問いかけているのだ。いかにも、「カネのためでいいの？」と言わんばかりの文言が、いずれの検討対象サイトにも登場しているのである。これはどういうことか。それを解明しなければいけない。この点についても、脳内付箋を立てておかなければならない。

これを踏まえた上で、まずは、「働く理由」ボックスの次の区画、すなわち**「自己実現」区画**に目を転じよう。

検討対象サイトは、いずれも働く理由としての「自己実現」を大いに重視している。ご覧の通り、「働く理由」ボックス内に、筆者が各サイトから入れ込んだ文言の中では、「自己実現」区画に属するものが最も多かった。

あたかも、いずれのサイトも「カネ」というテーマをともかくクリアした上で、取り急ぎ、もっとあけすけ度が低くて、〝身も蓋もなさ〟と距離のある領域に踏み込んでいきたいという思いに駆られているような雰囲気がある。これまた、興味深い。この流れの延長上に「カネのために働くのか」ボックスが浮上する。そういう構図が見える気がする。

仕事に就くことによって、伸び伸びとした自己表現ができるようになる。人間として成長できる。才能をフルに発揮できる。自分らしいライフスタイルを満喫できるようになる。そんなイメージが就活サイト上で花開いていく。戸惑いながら就活に奔走している若者たちに対して、職場を「自己実現の場」とみなすこと、その観点から、成果が上げられて達成感が味わえる場とみなすことが推奨されているのである。

「自己実現」区画に続く6つの区画の中で、サイト横断的に前面に出ていたのが「**社会貢献**」**区画**だった。いずれのサイトも、働く主要な動機として社会貢献を挙げている。世のため人のために役に立ちたいという思いが、人々を仕事に就かせる。仕事に就けば、人様の役に立てる。その喜びに浸ることができる状態を目指して、就活を頑張ろう。そのように若者たちを励ましている。

この「社会貢献の勧め」の隣接領域が、次の**「承認欲求」区画**だ。この概念については、前節でも考えた。認められることがもたらす達成感。感謝されることの喜び。重要視されることがもたらす満足感。働くことを通じて、これらの素敵な思いを味わえる。そのような効用をもたらしてくれる職場にあなたを出合わせてあげましょう。ご相談下さい。いずれのサイトもこのような呼びかけに満ちている。

残り4つの区画、すなわち**「自立」「地位獲得」「他者との絆」「その他」区画**は、「働く理由」にはこういうのもありますよ、というような雰囲気でサイト上に登場している。こういう動機も別に悪くはありません、という感じだ。その意味で、まとめて「その他」区画としてしまってもよかったかもしれない。

はじめにカネありき、なのに…

次の2つのボックスに進もう。まずは例の、**「カネのために働くのか」ボックス**である。この箱の中には、次の6セットの文言が入った。

⑴〈単に生活の糧を得るだけではなく、自己実現、自分の成長のため、社会貢献のため

……など、人が働く理由も多様化していると言っていいでしょう〉

(2)〈お金のために働くのは虚《むな》しくないですか？　お金のために働くのを虚しく感じるなら、収入以外に働く目的を見つけましょう〉

(3)〈「なぜ働くのかと聞かれたら、お金のためですと回答をしてもいいですか？」という問いに対して〉お金のためなど現実的な回答は避けたほうが無難です〉

(4)〈お金にとらわれず人生を過ごすためにできること、働く理由を考えるときに意識したいポイント〉

(5)〈結論から言うと「お金のために働く」という考え方自体は決して間違っていません。仕事をすることで収入を得られることは事実ですし、割り切って働くことも悪いわけではないでしょう。お金を稼ぐ、使う、貯めるということは、すべて自分や世の中を豊かにすることなのです〉

(6)〈金が必要だから働くという考え方も間違っていませんが、働く理由や、仕事をすることで得られる価値はそれだけではありません〉

皆さんはこれをご覧になってどのように感じられるだろうか。

⑴の「単に生活の糧を得るだけではなく」という書き出しは、どうも、生活の糧を得るという就労動機は卑しいと言っているように読める。⑵の「お金のために働くのは虚しくないですか?」にいたっては、あからさまに金銭的動機を否定している。その上で、「収入以外に働く目的を見つけましょう」とくる。高収入を期待するな、要求するな、というわけだ。⑶はさらに露骨だ。Q＆A形式で話が進むページからの抜粋だが、就活の場では、カネのために働くのだとは言わない方がいいと明言している。カネ動機の全否定だ。⑷も同様。カネ以外の就労動機をちゃんと用意しておきましょうと言っている。

⑸はなかなか面白い。冒頭に出てくる「考え方自体は決して間違っていません」という書きぶりは、こう述べた上で、「でも、やっぱり間違っている」というための常套手段だ。次に来る「割り切って働くことも悪いわけではないでしょう。」も同様で、いかにも「でも、やっぱり悪い」と言いたげだ。その上で、いかにも言い訳がましくというか、なぐさめるように、「お金を稼ぐ、使う、貯めるということは、すべて自分や世の中を豊かにすることなのです」などと付け加えている。⑹の「金が必要だから働くという考え方も間違ってはいませんが」という書き出しがまた、何ともふるっている。「考え方も」の「も」が決め手だ。「○○という考え方は間違っていない」と、「○○という考え方も間違ってい

ない」では、与える印象がまるで違う。「は」には素直な是認の響きがある。だが、「も」は、暗にその後に「だけど」が続く雰囲気がある。

就活支援サイトの設計者たちは、なぜここまで、人がカネのために働くことを嫌がっているのか。どうして、ここまで懸命になって、就活者たちにカネ以外の就労動機を見出させようとするのか。この点については、改めて次章で、立ち戻って考えたい。

そこに行く前に、最後の**「働く理由に関する模範回答」ボックス**を見ておこう。

自己実現と社会貢献が模範回答

2つのサイトの文言が、このボックスに入ってきた。

サイトその1は、採用面接の場で「『なぜ働くの？』と聞かれたら？」という設定で回答例を提示している。サイトその2は、「働くとは自分にとってどういうことなのか」について、小論文風のものを求められた時の書きぶりを用意している。まさに至れり尽くせりだ。これらの至れり尽くせりに、サイトのレビュアーたちが完全に従ってしまえば、寸分違わぬ回答が山のように出来上がってしまうわけだ。その事態に対して、採用側はどう対応するのだろうと考え込んでしまった。

だが、それはさておき、何をもって「人はなぜ働くのか」についての模範回答とみなすかについて、就活サポーターたちはどのように考えているかが関心をそそるところだ。

面接対応の回答例を、サイトその1は次のように提示している。

例1〈私にとって働くということは、自己成長や自己啓発のために欠かせないものだと考えています〉
例2〈私は、仕事は自分の人生を輝かせる手段のひとつだと考えています〉
例3〈私は、仕事を通して社会に貢献したいと考えています〉

例1と例2は「働く理由」ボックスの、「自己実現」区画に属する回答だ。既にみた通り、この就労動機は、筆者の検討対象就活サイトの中で最も人気の高いアイテムだったから、これを軸にした模範回答が示されていることは驚くに当たらない。

例3は「社会貢献」区画のアイテムだ。これも就活諸サイトが、「働く理由」の定番に位置づけているから、模範回答の一角を構成するのは当然だろう。

サイトその2は、「『働くとは』に関する回答例文3選」として次の文章を掲げていた。

例文①

〈私にとって働くことは、人の役に立つことで社会とのつながりを実感する為に欠かせないものです。（中略）生きている以上自分の利益を追求するのは当然ですが、ただ自分だけが得をするのではなく、相手にも喜びを与えることが更なる喜びを生むことを知りました。（中略）貴社の○○という商品のようにお客様に笑顔を届けられるものを広めることに貢献することで、社会の役に立つことを実感していきたいです〉

例文②

〈私は働くことで成果を上げたいと考えています。（中略）学生時代、アルバイトをした居酒屋では、季節ごとにメニューが変わり覚えるのは大変でしたが、そうした変化をしながら実際に収益を上げ続ける苦労を知ることができました。（中略）貴社のコンサルティング対象のどんな業種にも苦労があり、成果が待っていると思います〉

例文③

「私は働くことでこれまで育ててくれた家族だけでなく世の中に恩返しをしたいと思っています。（中略）働くことで、今度は自分が人の役に立ち社会に貢献したいという思いが強いです。特に貴社の〇〇という保険商品のように困っている人を助けるものに携わって働くことで、企業の利益を上げながら、社会に役立てることを嬉しく思います」

例文①と例文③は、「社会貢献」を軸にまとめられている。例文②は「自己実現」系の回答だ。いずれにおいても、承認欲求が底流を形成している感がある。いずれ劣らず、どうも歯が浮く感が湧いてしまう。

だが、それはそれとして、就活サイト設計者たちは、これらの回答が「働く理由」としてレビュアーの皆さんの役に立つと確信しているわけだ。この確信の根拠はどこにあるのか。この点についても、次章で改めて取り上げたい。

さてここまで、今の世の中に溢《あふ》れる「人はなぜ働くのか」論について、諸文献に関する

「読者たちの問いかけ」と、「就活支援サイトの呼びかけ」という2つの視点から探索してみた。次章では、この探索作業の結果分析を行った上で、21世紀の労働者たちが、実際にどのような21世紀の労働環境と向き合っているかについて見ていきたい。

第2章

2つの「人はなぜ働くのか」論を比べてみれば

1　三つ目小僧、対比分析を試みる

5つの対比ポイント

前章の末尾で申し上げた通り、本章では、前章で得られた探索結果を分析し、そこから何を読み取ることができるかを見極めたい。そのために、まずは復習しておこう。

前章では、今の世に溢れる「人はなぜ働くのか」論について、「読者たちの問いかけ」と「就活支援サイトの呼びかけ」の2つの切り口から検討した。

「読者たちの問いかけ」では、筆者が検索作業を通じて抽出した諸文献に関して、その読者の皆さんがネット上に投稿したブック・レビューを、レビューした。旅する三つ目小僧による「レビューのレビュー」である。「人はなぜ働くのか」に強い関心を抱く読者たちが、その観点から選んだ著作の内容をどう評価し、どのような読後感を抱いたのか。それを追跡してみた。

「就活支援サイトの呼びかけ」では、21世紀の若者たちに向けた就活支援をテーマとするネット上の様々な情報サイトの中で、何が言われているのかを調査した。成功裏に就活を突破しようと懸命になっている若者たちに対して、それらのサイトはどのようにアドバイスしているのか。成功する就活の秘訣との関わりで、彼らは若者たちが「人はなぜ働くのか」をどうとらえるべきだと推奨しているのか。これらのことの洗い出しを試みた。

これらの2つの作業結果について、ここでは対比分析の形で検討を進めたい。**対比ポイント**として、次の5つを設定する。

1：労働観の歴史的変遷
2：働く理由としての金銭動機
3：自己実現
4：承認欲求
5：社会貢献

これらの対比ポイントは、いずれも、「読者たちの問いかけ」と「就活支援サイトの呼びかけ」のどちらか、あるいはいずれにおいても、焦点となっていたものである。これらのテーマを巡って読者の問いかけはどうなっていたか。就活サイトはどんな呼びかけをしていたか。それをこれから見ていく。三つ目小僧の発見の旅が、次の段階に踏み込む。

対比ポイント1：　労働観の歴史的変遷

まずは、対比ポイントその1、「労働観の歴史的変遷」である。

前章でみた通り、「レビューのレビュー」にご登場頂いた読者たちは、今日的労働観が、どのような歴史的変遷をたどる中で形成されたものであるのかを知りたがっていた。

そして、中世以前の世界においては労働を「労苦」と受け止め、この苦役から解放されたいと考えるのが当たり前だったことを発見した。既述の通り、このことにレビュアーたちは安堵感と喜びを感じていた。「労働は喜び」と考えなくていいのだという発見の喜び。それが「レビューのレビュー」の中から伝わってきた。

働くこと自体に内在的価値があるのだから、労働を有《あ》り難《がた》がり、押し頂かなければいけない。このような考え方をお仕着せられることに、レビュアーたちは、限りなく懐疑的で、限りないうっとうしさを感じている。この感性は、歴史的に見れば決して間違っていなかった。そのことを各種の「人はなぜ働くのか」論から読み取ったレビュアーたちは、大いに歓喜した。

あるレビュアーいわく、〈冷静に考えてください。今時、「労働は人間の本質」とか「労働自体に喜びがある」とかのかび臭い観念を信用しているひとがどれだけいるかを。（中略）「近代の労働観」など既に壊れています。にもかかわらず、たいていのひとは働かないと食っていけない。それだけです〉。「ざまあみろ。近代的労働観なんぞ、クソ喰らえ」、そう言いたい感じがグングン伝わってくる。

また、もう一人のレビュアーは、前章の文献リストに掲げた(7)『いま、働くということ』（橘木俊詔 著、2011年）について、この著書が〈労働に生きがいを見いだせない人は働く場所や機会を奪われることがない程度の努力でかまわない、と説いている〉と指摘し、この見解に〈まったく同感である〉と言っている。「我が意を得たり。よくぞ言って頂いた」と、膝を打ち叩いている姿が見えるような気がする。

さて、これに対して「就活支援サイトの呼びかけ」の方はどうか。

結論的に言えば、前章で調査対象に採用した8つのサイトには、労働観の歴史的変遷というテーマには一切言及がなかった。就活者たちにとって、この種の情報には価値がない。サイト運営者たちはそう判断している模様である。

なぜ、そういう判断になるのか。筆者には、それが見えてきた。今、そういう気がしている。だが、何がどう見えてきたのかについては、この節の終盤に到達したところで、まとめて種明かししたいと思う。それが（名）探偵たるものによる謎解きの定石だ。まずは、対比分析を積み上げていこう。証拠集めだ。

ところで、実を言えば、検討はしたが前章で取り上げることを見送った一つのサイトが、労働観の変遷について語っていた。

お悩み解消のためのお助けサイトで、「人はなぜ働くのか」について小論文を書かなければいけなくなった相談者が、情報提供依頼を持ち込んでいた。信頼のおける資料を紹介してほしいということだった。

ちなみに、「人はなぜ働くのか」について小論文を書くことになったという書き込みは、ネット上において実に多い。筆者が取り上げた就活サイトも、これを求められた時の模範回答を用意している。前章で見た通りだ。だが、彼らの模範回答の中には、労働観の変遷は出てこない。

それに対して、このお悩み相談への回答者たちは、古代ギリシャの労働観がどうだったかに触れている。ヘーゲルやマルクスがどう考えていたかを紹介している。そして、相談者の執筆の一助となることを願って、参考文献を推薦している。

その中には、前章の筆者のリストに掲載した(3)『近代の労働観』（今村仁司 著、1998年）と、(4)『働くということ　グローバル化と労働の新しい意味』（ロナルド・ドーア著／石塚雅彦 訳、2005年）が登場していた。一人の回答者が、自分のアドバイスの主要参考文献として挙げていたのが『経済思想の巨人たち』（竹内靖雄 著、新潮選書、1997年）だった。筆者のリストには含めなかったが、労働観の歴史的展開を学ぶには必読の書と言えるだろう。

このお悩み相談サイトは、就活サイトではなかったから前章の検討から外したのだった。

これで解ることは何か。

それは、「就活」というテーマから離れたところでは、ネット上のやり取りの中でも、労働観の変遷という切り口が一定の位置を占めているということだ。「人はなぜ働くのか」について論文を書くとなれば、何はともあれ、このことに関する認識がどのような歴史的経緯をたどって今にいたっているかを踏まえておかなければならない。お悩み相談への回答者たちはそう考えているのである。この違いやいかに。ここにも、最終的な謎解きの材料がある。

対比ポイント2：　働く理由としての金銭動機

対比ポイントその2が、「働く理由としての金銭動機」だった。

これに対する「読者たちの問いかけ」は、基本的に、そのどこが悪いかというものである。自分の労働の価値に見合う報酬を求めるのは、当たり前のことだ。彼らはそう考えている。金銭動機を超えた労働観を持てなければダメだという主張は、恵まれし人々の贅沢《ぜいたく》病《びょう》だ。この合唱が、多くのレビューの通奏低音《つうそうていおん》として響いてくる。

前章で引用した「貧困層を舐めている」という批判は、実を言えば、文献リストの⑿『なぜ僕らは働くのか　君が幸せになるために考えてほしい大切なこと』（佳奈 著／池上彰 監修、2020年）に向けられたものだった。劇画仕立ての本書において、主人公の家庭環境が恵まれ過ぎていて、これでは多くの読者が感情移入できないと言っている。

ここでふと、わが母が日頃から言っていることを思い出してしまった。彼女いわく、キリスト教精神においては、他者が今、何を最も必要としているかをしっかり受け止めることが肝心だ。彼らは何に悩み、何を欲しているのか。それを敏感に察知して、正確に対応しなければならない。善きキリスト者が行う支援は、常に痒《かゆ》いところ、痛いところに命中しなければならない。自分たちの勝手な思い込みで、求められてもいない見当違いの支援に乗り出したのでは、失格だ。

飢えている者には食物を。渇いている者には水を。そして困窮している者には金銭を。これは何もキリスト者の言動に限らない。被災地向けの支援の際には、必要とされていない物資が、山のように届けられるような事態を避けなければならない。

今、どうしてもカネが欲しい人に向かって、「あなたのために、たくさんたくさんお祈りいたします」と言っても、何の助けにもならない。働くことで生活費を稼ぎ出すことが死活問題となっている人々に対して、「働くってこんなに素晴らしいことなんです」と説教するのは、確かに「貧困層を舐めている」と言える。このレビュアーはキリスト教精神に満ちている。

「働く理由としての金銭動機」に関するレビュアーたちの感性は、先に見た「やりがい詐欺」に関する彼らの強い懐疑心と、表裏一体の関係にある。

正当な金銭報酬などに拘泥《こうでい》せず、シャーロック・ホームズ先生よろしく「仕事自体が報酬なのだ」と宣言しろという同調圧力に対して、レビュアーたちは嘲笑まじりの激怒を吐露する。至極、ストレートである。

かたや、金銭動機に関する「就活支援サイトの呼びかけ」がいかに屈折・悶絶したものだったかは、前章で見た通りである。人々が働く理由の最も基本的な部分に金銭動機があることを認知しつつ、それを認めた舌の根の乾かぬうちに、「それでいいの？」と問いただす。「それって虚しくない？」と聞いてくる。虚しくなり過ぎるといけないから「収入以外に働く目的を見つけましょう」と、「より高次の働く動機」へと若者たちを誘導しようとする。

この点との関連で、前章では触れ切れていなかったデータをご紹介しておきたい。

既述の通り、ある就活サイトでは、内閣府が実施した「国民生活に関する世論調査」

（2019年度）の内容を紹介していた。

それによると、18歳以上の男女の「働く目的」の中で、「お金を得るため」という回答が56・4％を占めているということだった。

ここからさらに踏み込んで、内閣府調査はこの回答に関する年齢別状況も見ている。このサイトでは、この年齢別データにも注目していた。それによれば、「お金を得るために働く」という回答が最も多かったのは30～39歳の年齢層で、その回答比率は72・2％に達していた。次いで「お金のため」の回答比率が高かったのが40～49歳と18～29歳で、それぞれ70・6％と65・1％だった。

これらの数字には実に考えさせられる。30～39歳といえば働き盛り前期、40～49歳は働き盛り後期と言えるだろう。仕事世界の主人公たちである。それらの人々において、働く理由として金銭動機がダントツの地位を占めているのである。むろん、これは彼らの生活コストがそれだけ高く、蓄えはまだ形成途上にあるからだ。まさに生活がかかっているのである。だから、この回答比率には納得がいく。

18～29歳の年齢層は、その前半を就活世代前期、後半を転職を含む就活世代後期と命名してもよさそうだ。まさに就活支援サイトの主要顧客だ。そして、この年齢層においても、働く理由としての金銭動機は65％を占めているのである。

この一連の事実を目の当たりにしながら、就活サポーターたちはなぜ、金銭動機とは別のところに就活者たちの意識を誘導したいのか。なぜ、なるべくたくさんの就活者たちが「お金が得られる」仕事に就けるように支援し、知恵を授けようとしないのか。この疑問もまた、最終的な謎解きにつながる疑問だ。疑問をしっかり胸に刻みつけた上で、先に進もう。

対比ポイント3：　自己実現

対比ポイントその3は、「自己実現」である。

これについて、「読者たちの問いかけ」がどのようなものであるかについては、もはや多言を要しないだろう。労働観の変遷を学び、今日的労働観に普遍性がないことを確認した我が愛《いと》しの（どんどんこういう気持ちが強まってきた！）ブック・レビュアーたちは、就労動機としての自己実現に対して手厳しい。彼らが発している言葉を具体的に紹介しておけば、例えば次のようなものがある。

(1)〈非正規雇用や過酷な労働環境という現状で、ひとは「生きがい」や「自己発見・実現」を労働に見出すことができるのだろうか〉

(2)〈「やりがいのある仕事に就こう」、「仕事は自己実現のためにある」。このタイプの言説にうんざりしたり、胡散臭《うさんくさ》さを感じたりしたことがある人は少なくないのではないだろうか〉

(3)〈若者は労働で「自分探し」の欲望を抱いているが、労働は自分の能力の限界との格闘〉

(4)〈「日本」という社会システムの中で、どのようにサラリーマンやパートとして働いて生きがいを見つけるかしか触れられていない〉

(5)〈働くためだけに私たちは生きているのではないし、子供たちには自分が何がしたいのか、好きな事をたくさん見つけてほしいし、素直に向き合える事を願います。大人には都合が良いのかもしれませんが、これからを生きる子供たちには読ませたくはありません〉

ちなみに、(4)と(5)は、文献リスト(12)、例の『なぜ僕らは働くのか』本に対する2つのレビューからの引用である。

ご覧の通りだ。我がブック・レビュアーたちは、就労動機としての「自己実現」に「胡散臭さ」を感じている。「自分探し」というロマンチックな言葉に引き寄せられて労働の世界に踏み込むと大変なことになるよ、と若者たちに忠告している。サラリーマンやパートという日本的就労形態の中に、どうしても生きがいを見つけなければいけないのだという発想を否定している。そこに向かって子どもたちを誘導するようなアプローチに、「これからを生きる子どもたち」をさらしたくないと言っている。

このように、「読者たちの問いかけ」の中でいたって不人気な「自己実現」のモチーフが、「就活支援サイトの呼びかけ」の方ではスター扱いされている。思い出して頂きたい。前章で検討した**「働く理由」ボックス**の8つの区画の中で、**「自己実現」区画**に入る文言が最も多かったのである。

改めて「自己実現」区画に並んでいる言葉の数々を眺めてみれば、そこにあるのは、自分の才能をフルに生かして仕事上の成果を上げ、そのおかげで華麗なライフスタイルをエンジョイしながら、達成感に浸り切っている人の人物像だ。就活サポーターたちは、仕事探しに必死な若者たちに、この人物像を刷り込もうとしている。

働くとはこういうことだ。そこを目指す意識で就活に励めば、必ず素敵な仕事人生を手に入れることができる。そうなれば、カネへの執着から解き放たれて、生き生きと楽しい生活が送れるようになりますよ。就活サイトの数々に、こんなムードが漂いまくっている。

ここで記憶が蘇《よみがえ》る。前章で検討した就活サイトの一つの中に次のくだりがあった。

〈結局、どのような働き方をしているとしても、会社や職業、収入なども関係なく、あなたの人生が楽しければＯＫです〉

人生が楽しければ確かにＯＫに決まっている。だが、このＯＫ状態を確保できるかどうかには、「どのような働き方をしているか」が大いに関わってくる。会社や職業や収入いかんで、ＯＫ状態をキープできるか否かは変わる。そういうことではないのか。入社した会社がブラック企業だったら、ＯＫ状態は危うい。身分が安定しない職業に就いてしまったら、明日のＯＫ状態は保障されない。収入に「関係なく」いつもＯＫでいられるか。

このようなフワフワした言葉をちりばめることで、若き就活者たちの不安な魂を翻弄《ほんろう》していいものだろうか。ちなみにこのサイトは、「20代に強い就職支援サービス」と銘打っていた。

かくして、「読者たちの問いかけ」と「就活支援サイトの呼びかけ」のトーンは対比分析を重ねれば重ねるほど、隔たっていく。残る対比ポイントは2つだ。いざ前進。

対比ポイント4：承認欲求

前章でも見た通り、対比ポイントその4の「承認欲求」に関する我がレビュアーたちの思いは、なかなか複雑だ。就労動機としての「自己実現」を一刀両断したような歯切れよさは見られない。仕事に向き合う自分たちの姿勢の中で、承認欲求が結構強い動機として働いていることを自覚している。それは当然だとも感じている。

だが、そんな自分たちの感性に対して抵抗感もある。いささか忸怩《じくじ》たるものを感じている。そのことは、彼らのレビューが、承認欲求との関わりで「虚栄心」という言葉に鋭く反応しているところに表れている。とはいえ、他者の期待に応えて、それを相手に喜んでもらえること、そこに喜びを感じることは悪いことではない。そのために働くことには正当性がある。レビュアーたちは、そう考えている。

例えば、筆者の参考文献リストの(2)『だれのための仕事　労働VS余暇を超えて』（鷲田清一 著、1996年）に関して、一人のレビュアーが、〈…現在、労働に価値を見出すためには、他者の他者として存在する自己に対する「他人の承認」をキーワードにするしかないだろうという筆者の主張には共感できる部分がある〉と言っている。

しかしこう言いつつも、同じレビュアーが同じ文献について、〈労働を他者の承認に全面的に絡めてしまうというのが著者の趣旨だとすれば、やや違和感を禁じえない点もある〉とも言っている。その心境は複雑だ。

さらには、承認欲求には「虚栄心」という名の魔物が絡みついているのだと指摘されると、レビュアーたちはぎょっとする。

文献リストの(3)『近代の労働観』（今村仁司 著、1998年）について、あるレビュアーは、〈労働を通じて評価を求める承認行為を「虚栄心」として部下・同僚・上司の相互関係で述べるくだりは、「能力主義賃金」・「評価制度」や「過労死」などにさいなまれている私たちの本音や心情を明らかにしています。私はすごく、共感できました〉と言っている。同じ文献(3)を読んだ別のレビュアーは、〈虚栄心という対他的な承認欲望こそが

「労働の喜び」であったと知りつつ、それでもなお働かねばならないという現実に直面する〉21世紀の労働者の状況に、思いを馳《は》せた。

またさらに別のレビュアーは、同じ文献(3)が、1920年代のドイツで行われた労働者へのインタビュー調査に言及している点に注目した。この調査の結果によれば、インタビュー対象者たちは職種のいかんを問わず、「他者からのプラスの評価に絶対的価値を見出そう」としていた。この調査結果について、レビュアーは〈これは何も昔に限りません。今でも上司からの褒め言葉に、何より、労働の充実感を感じている人は多いと思います〉と言っている。「承認欲求」がいかに強く、働く人々の心をつかんでいるか。そのことを、このレビュアーは強く実感している。今も昔も、「承認欲求」のハート鷲づかみパワーは強いのだ。一定の感慨を持ってそのことを確認している。それを良しとしているかどうかは、レビュアーの文章の中からは直接的には読み取れない。ただ、「承認欲求」の強力なグリップに少しばかり怖さを感じている雰囲気は、そこはかとなく伝わってくる。

さらにもう一人のレビュアーは、文献(3)の中の「現代の労働を牛耳る虚栄心」という表現に強く反応している。虚栄心を満たしたいという欲望が、人々を、職場における過激な競争へと駆り立てる。文献(3)を通じて、この構図への認識を深めたように読み取れた。同時に、この欲望を振り切ることの難しさも、改めて感じたような書きぶりとなっている。

こうして見てくれば、我がレビュアーたちは「承認欲求」を相当の難敵だと受け止めていると言えそうだ。「自己実現」論には騙《だま》されない。だが、「承認欲求」にはちょっと手こずる。この欲望を満たしたいという誘惑にはいささか弱い。誘惑に負けてサービス残業などやってしまうかもしれない。そんな反省と諦めが、レビュアーたちの中で交錯している。そのように思えてきた。この辺が、ひょっとすると21世紀の労働者たちの弁慶の泣き所なのかもしれない。要注意ポイントだ。

一方、「就活支援サイトの呼びかけ」の中における「承認欲求」の位置づけに揺れや迷いはない。前章の**「働く理由」ボックス**の**「承認欲求」区画**に入ってきた文言を再掲すれば、次の通りだ。

「ありがとう」「あなたがいて助かった」と感謝される幸せ
成果を上げ評価されることで感じるやりがい

職場から大切にされることで感じるやりがい

働くということは、こういう感慨を噛み締める機会につながる。就活とは、こういう思いに浸れる場所を探すことなのだ。こういう思いに浸れる場所が発見できれば、楽しき人生という名のOK状態に到達できる。楽しくなれる場所を探そう。こんな感じだ。

対比ポイント5：　社会貢献

最後の対比ポイントが「社会貢献」だ。

我がレビュアーたちにおいて、このテーマは、前出の「やりがい詐欺」の概念と結びついている。世のため人のために役に立っているのであれば、そのこと自体が、ホームズ先生流の報酬だ。それ以上、多くを求めない。この精神に則《のっと》った就労動機について、彼らは相当に斜に構えたスタンスを取っている。

我がレビュアーたちは、別段、社会貢献をビジネスとして展開することを問題視しているわけではないと思う。そのような観点から経営を展開する企業の存在を否定しようとしている形跡は、彼らのレビューの中に見受けられない。だが、だからといって、社会貢献度が高い仕事に正当な報酬が与えられないことを、容認するつもりは毛頭ない。それが我がレビュアーたちの基本姿勢だと考えて間違いないだろう。

文献リスト⒀『ブルシット・ジョブ　クソどうでもいい仕事の理論』（デヴィッド・グレーバー 著／酒井隆史ほか 訳、2020年）について、あるレビュアーは次のように書いている。

〈「世界に積極的な貢献をしている」という実感を得ること自体が「報酬」であり、そうした実感を得られず、それどころか自分の仕事が無益で有害ですらあるという認識にさいなまれている人は、それゆえに、より高い報酬を受け取ってしかるべきだという感覚が存在しているという。無意味なオフィスワークの報酬が高いのは、精神的苦痛に対する代償というわけだ〉

このレビュアーは、「社会貢献」という就労動機の中から、やりがい詐欺のかなり強烈な香りを嗅ぎ取っているということだ。

他方、「就活支援サイトの呼びかけ」においては、前章で見た通り、「自己実現」に次いで「社会貢献」に重きが置かれている。「自分の仕事が世の中の役に立つことで感じるやりがい」を満喫するために働こう。このやりがいを味わえるような職場を探そう。そのためのお手伝いを喜んでいたします。この姿勢が前面に出ている。

関連で、あるサイトの面白いコメントを紹介しておきたい。いわく、

〈この世の中には、お金があるにもかかわらず精力的に働いている人も存在します。たとえば、以下のような人たちです。

・新たなビジネスをどんどん手掛ける有名企業の社長

・定期的に動画をアップする超人気YouTuber

・メディア出演や全国ツアーなどを長年続ける国民的タレント・歌手

こういった人たちは、まずお金に困っているわけではないでしょう。当分働かなくても暮らしていけるだけの収入は、すでに稼いでいることが考えられます。

それでも彼らが働くのは、もはやお金のためだけではないでしょう。「仕事でもっと大勢の人を喜ばせたい・役に立ちたい」（中略）などの前向きな動機が、彼らが働

く理由かもしれません〉

注目されるのが、ここでは「仕事でもっと大勢の人を喜ばせたい・役に立ちたい」という社会貢献動機が、完全に金銭動機から切り離されていることだ。しかも、社会貢献動機は「前向きな動機」なのだと言っている。

裏を返せば、金銭動機は後ろ向きな動機だと言うわけだ。この一連の話の流れに我がレビュアーたちが接したら、彼らは、ただちにこれを「やりがい詐欺」の塊だと糾弾しそうな気がする。

2 三つ目小僧、対比分析の結果を謎解きする

文献レビュアーたちと就活サポーターたちの見解は、オール正反対

かくして、「読者たちの問いかけ」と「就活支援サイトの呼びかけ」の対比分析の結果が示していることは明らかだ。両者が各対比ポイントにおいて示している見解は、ことごとく相反している。正反対だ。なぜそうなるのか。いよいよ、その謎解きの場面に来た。まずは、改めて、対比ポイント別に相反状況を整理しておこう。

対比ポイント1の「労働観の歴史的変遷」に、我がレビュアーたちは強い関心を示した。そして、今日的な労働観には普遍性がないことを発見した。今日的労働観とは、労働にはそれ自体に内在的な価値があり、だからこそ、そこに人間の喜びがあるという考え方だ。この考え方に歴史的普遍性がないことを諸文献から知り得たことに、レビュアーたちは大

いに喜び、大いなる納得感を抱いた。

これに対して、就活サイトの運営者たちは、労働観の歴史的変遷というテーマを無視した。その一方で、就活サイトではないお悩み相談系サイトにおいては、「人はなぜ働くのか」について小論文を書く時の有用情報として、労働観の歴史的変遷にしっかり目が向けられていた。

対比ポイント2の「働く理由としての金銭動機」について、我がレビュアーたちは、その正当性を強く主張している。そして、それを超える就労動機が必要だという発想を、金持ちの贅沢病だとして否定する。

就活サイト上でも、全世代を通じて、そしてことのほか、就活世代と働き盛り世代において金銭動機が大きな就労理由となっていることが認知されている。ところが、それにもかかわらず、それでは虚し過ぎないか、と就活者たちを問い詰める。

対比ポイント3の「自己実現」について、そこに就労動機を見出そうという言い方には、我がレビュアーたちは決然として否定的姿勢を明確にしている。そんな言い方に踊らされてその気になるな、とウォーニングを発している。対する就活支援サイトの言い分は、自己実現こそが働くことの醍醐味《だいごみ》だというものである。

対比ポイント4の「承認欲求」について、我がレビュアーたちは、その誘惑が働く動機として実に濃厚であることを強く意識している。その上で、その魔力にからめ捕られることをとても警戒している。「承認欲求」に駆り立てられて、我を忘れた働き方をしてしまうことへの警戒心を確立しようとしている。その一方で、就活支援者たちは、承認欲求が満たされることの快感をアピールする。

対比ポイント5の「社会貢献」について、我がレビュアーたちは、その「やりがい詐欺」的側面に対する警戒心を露わにする。就活サポーターの面々は、その美学を強調する。

この凄まじい正反対ぶりに何を見るか。これは何に起因するものなのか。

ここにこそ、21世紀の資本と、21世紀の労働と、21世紀の労働者の、三《み》つ巴《どもえ》の交錯関係の本質がある。筆者にはそう思える。

就活サポーターたちが、労働観の歴史的変遷に目を向けず、就労の金銭動機から若き就活者たちの意識を遠ざけようとするのは、なぜなのか。就活サポーターたちは、なぜ、あそこまで懸命になって、若者たちに自己実現と承認欲求の充足と社会貢献という「より前向き」な働く理由を見出させようとするのか。

三つ目小僧、脳内付箋を振り返る

これらの問題への最終解の取得に向けて、ここでもう一つやっておきたいことがある。焦《じ》らすようで申し訳ないが、謎解きは終盤に近づけば近づくほど、慎重に進める必要がある。ここで論理が破綻すると正解にたどり着けない。真犯人を見つけ出すことができないまま、推理の迷路に迷いこんでしまう。それは避けなければならない。

迷走回避のためにやっておきたいのは、ここまで来る過程で、筆者が謎解きを後回しにしつつ、疑問点として脳内に付箋を立ててきた諸点の集約である。

第一の疑問点は、21世紀の労働者たちが大いに注目する「労働観の歴史的変遷」というテーマに対して、なぜ、21世紀の就活サポーターたちは目もくれないのかという点だった。「人はなぜ働くのか」について、考え方を整理しようとしている就活者たちに対して、なぜ、労働観の歴史的変遷に関する情報を提供しないのか。今、現実に働く場にいる人々が、それが知りたくて書物を手に取っているというのに、なぜ、これから働く場に出ようとしている人々に対して、その心の準備に協力しようとしないのか。

第二の疑問点は、21世紀の若き労働者たちが「お金を得るために働く」のだという問題意識を強く抱いているにもかかわらず、就活サポーターたちが、なぜ、お金をしっかり獲得できるような就労機会へと彼らを連れて行ってあげようとしないのかという点だ。そうではなくて、「カネのために働くだけでは虚しくないか」と、なぜ彼らに問いただすのか。

彼らが働く現場にいざ出ていけば、そこには、働くことに関する美辞麗句に疑問を抱き、それらを強く否定する、冷めた21世紀の先輩労働者たちがいるのである。そのただ中に、「自分たちはカネのためにだけ働くような虚しき人間では決してない」という認識を刷り込まれた若者たちが放り込まれたら、精神を病んでしまわないだろうか。とても心配になってくる。

第三の疑問点は、「自己実現がもたらす楽しさ」に関する就活サポーターたちの圧倒的な強調ぶりである。職場において自分の才能を発揮し、成果を上げれば、生き生きとして自分らしく生きていける。そうなれば、「会社や職業、収入なども関係なく、あなたの人生が楽しければOKです」という、万事OK状態を手に入れることができます。就活サポーターたちはそのように言う。

一方で、我がレビュアーたちは、働くことが「自分探し」の旅に出ることだなどと勘違いするな、と若者たちに警告しているのである。このギャップが、またもや、これから21世紀の労働者となっていこうとしている人々の魂を痛めつけそうである。

第四の疑問点は、我がレビュアーたちが難敵と位置づけた「承認欲求」に対する、就活サポーターたちの礼賛ぶりだ。「承認欲求」は確かにやる気のもとになる。他者の喜ぶ顔が見たいという感性は悪くない。だが、「承認欲求」の世界に没入し過ぎると、虚栄心と嫉妬心、そしてひょっとすると猜疑心《さいぎしん》の魔の渦に呑《の》み込まれてしまいかねない。今日の21世紀の労働者たちはそう自戒している。

それなのに就活サポーターたちは、「承認欲求」が満たされることほど、やりがいと生きがいにつながることはないという。上司を喜ばせている自分の姿を夢見る、21世紀の次なる労働者候補群をつくり出すことに、就活サポーターたちは、なぜ、かくも情熱を傾けるのか。

第五の疑問点が、「社会貢献」というモチベーションを、働くことの金銭動機と完全に決別させようとする、就活サポーターたちのストーリーラインづくりだ。世のため人のために尽くしているのであれば、そのこと自体が至高の報酬だ。それ以外に求めるものはないはずだ。それ以外のものを求めるのは卑しい。このマインドセットを狙ったサブリミナル大作戦。就活サポーターたちは、どうも、これを狙っているように思える。それはなぜなのか。なぜなぜなぜ?

そして、ことの真相に立ち至る

さて、ここでようやく、この「なぜなぜなぜ?」に答えたいと思う。

我がレビュアーたちと就活サポーターたちの間に、ここまでの感性の乖離《かいり》が生じるのは、両者が立っている場所が違うからである。

端的に言えば、前者は、21世紀の労働者たちが集う場所に立っている。後者は、21世紀の資本によって21世紀の労働に求められるものが、生まれ育まれる場所に立っている。そういうことだと筆者は思う。

21世紀の資本が、21世紀の労働に求めるものとは何か。

それは、今日的労働観の普遍性と正当性に疑問を抱かない「現状受容性」だ。それは、自分の労働に対して正当な報酬を要求することをためらう「仕事自体が報酬」精神だ。「やりがい詐欺」に引っ掛かりやすい心理だ。それは、自己実現という言葉に魅了された人間たちの「自己責任」精神だ。それは他者を喜ばせることと、他者を喜ばせたと「承認」してもらうことを混同し、危険な達成感を追い求めて働きまくる人々だ。

21世紀の資本は、このような人物像に封じ込められて働く人々を求めている。そのような人々は、21世紀の資本に多くを要求しない。自力で達成感に到達しようとする。彼らは、21世紀の資本による責任回避を容認する。自己実現のために働く人々は、資本の責任を追及しない。承認欲求に飢える人々は、上司の評価を求めて一心不乱に働く。社会貢献ができているのに、その上、なお高い報酬をゲットしたいなどとは言わない。彼らにとって、仕事自体が報酬なのである。

21世紀の資本は、このような一連の特性を持つ21世紀の労働を必要としている。

そのことが解っているから、21世紀の就活サポーターたちは、この21世紀の資本の要求に完璧にマッチできる姿に、21世紀の就活者たちを仕立て上げようとしている。そういうことなのだと思う。

つまりは、就活サポーターたちが、21世紀の資本の完璧なる回し者になっているということなのか。

必ずしも、そうとは言い切れないだろう。

就活サイトは、高い就職成功率という意味で然るべき成果を上げなければ、商売にならない。だから、彼らは求人する企業側がどのような人々を欲しがっているのかをしっかり把握しなければならない。極力、21世紀の資本の要請に応えられるような状態に、就活者たちの完成度を高めていかなければならない。「人はなぜ働くのか」について、採用面接の場で聞いてくる採用担当者に対して、彼らが気に入ることが言えるように、就活者に的確なアドバイスを与えなければいけない。「人はなぜ働くのか」に関して、21世紀の資本が求める模範回答を、就活者たちに示してあげなければいけない。

だから就活サポーターたちは、21世紀の資本が、働く人々に何を求めているのかを、熱心に徹底的に調査しているに違いない。彼らの調査努力の成果物として浮かび上がってきたのが、文献レビュアーたちの感覚と正反対の「21世紀の労働」のイメージだった。

これが真相なのではないか。


もしこれが真相なのだとすれば、これは大変なことである。

野生化した主義なき21世紀の資本が、21世紀の労働に求めているものは何か。それは、自分たちの労働に関する正当な報酬を求めず、ひたすら、働くことそれ自体に内在する生きがいとやりがいを探し求める人々だ。やりがい詐欺に容易に引っ掛かる人々だ。自己責任で、自己実現を追求する人々だ。承認欲求を巧みにくすぐれば、驚異的に献身的に頑張る人々だ。社会に貢献しているのだと言えば、こうべを垂れて、「仕事それ自体が報酬です」とつぶやく人々だ。


自己実現も、承認欲求も、社会貢献も、それぞれが内生的に邪悪な、働く動機だとは言えない。いずれも、人間に備わる自然で素直で立派な感性だ。

だがこれらの感性が、野生化した、主義なき21世紀の資本によって便利使いされるとなると、話が怖くなってくる。

21世紀の資本にとって都合のいい労働の鋳型《いがた》に、21世紀の労働者たちを流し込む。そのためにこれらの働く動機が利用される。これはとんでもない話だ。

このような仕打ちを受けるとなれば、21世紀の労働者は、やっぱり「疎外された労働」の位置づけに追いやられていると言わざるを得ないだろう。

第3章

日本の21世紀の労働者たちが当面している状況

1 「働き方改革」の正体を暴く

三つ目小僧、3つの労働キーワードに注目する

21世紀の資本は、それが欲している21世紀の労働の鋳型の中に、21世紀の労働者たちを押し込もうとしている。

21世紀の労働者たちは、敏感にこの企《たくら》みの存在を察知し、その魔の手から自分たちを守るべく、「人はなぜ働くのか」に関する文献の読み込みに余念がない。

ところがその一方で、21世紀の労働者たちの強力サポーターであるはずの就活支援サイト群は、逆方向に動いている。彼らは、21世紀の資本が思い描く21世紀の労働像にぴったりフィットする方向へと、若き就活者たちを懸命になって誘導している。つまり、彼らは21世紀の資本の手先と化しているのである。

なぜそんなことになっているのかについては、前章で申し上げた通りだ。就活サイトは、就活者たちのために高就職率をゲットしなければならない。そのためには、就活者たちを、21世紀の資本好みの姿形《すがたかたち》につくり上げていかなければならない。駆け出しタレントを、アイドル・モードに仕立て上げることが仕事の、スタイリストのようなものである。どうすれば、21世紀の資本の採用担当者に受けるか。就活サポーターたちは、ひたすら、それを追求している。だから、結果的に21世紀の資本の手先と化してしまう。このように考えられる。

むろん、21世紀の資本と就活サポーターたちがグルになって、21世紀の労働像のお仕着せ大作戦を展開しているのであれば、話は別だ。だが、さすがにそれはないだろう。多分。いずれにせよ、結果は同じだ。

以上の構図が、前章の分析を通じて判明した。これを踏まえて、三つ目小僧は次に、21世紀の労働者たちの働く実像を見ておきたいと思う。そしてその姿を、かつての働く人々の姿と対比してみたい。

その中で、序章で提示させて頂いた「人と幸せをつなぎとめる蝶番」としての労働のイメージを探り当てるプロセスが、さらに一歩前進する。
三つ目小僧はそれを期待して旅を続ける。

21世紀の労働者たちの働き方を見ていく上で、三つ目小僧が注目したいキーワードが、3つある。

それらが、フリーランス、ギグワーカー、そしてプレカリアートだ。

特にフリーランスに焦点を当てる。ギグワーカーとプレカリアートについては、フリーランスに関する分析のサポート要因として触れる。

労働市場の今日的実態を本格的・総括的に見ていくのであれば、こうしたキーワード着眼方式はいささか亜流だ。本格・網羅の構えでいくなら、各種の労働関係データを手広く押さえていかなければならない。失業率・有効求人倍率・賃金や雇用者所得の推移・正規雇用対非正規雇用比率等々である。

だが、これをやり出すと、本書は、かの『21世紀の資本』並みの巨大本になってしまう。そのための紙幅は取れないし、そもそも、こうしたオーソドックスなアプローチに則った分析は、労働分野の専門家の手になるしっかりしたものが多々存在する。

それらをまた筆者がなぞることは、筆者にとっては大いに勉強になるが、本書の目指すところとの関係では、さして建設的だとは思えない。というわけで、若干の罪悪感を抱きつつも、ここはキーワード着眼方式でいくことをお許し頂きたい。

ただ、そこに踏み込む前に、意識共有させて頂きたい点が一つある。

それは、21世紀の労働者たちが日本で当面している就労環境に、今日の日本の経済政策の有り方がどう関わっているかという点である。

チームアホノミクスの「働き方改革」が目論《もくろ》んだもの

端的に言えば、2012年12月に第二次安倍政権が発足して以来、日本の21世紀の労働者たちは、「下心政治」の餌食《えじき》となってきた。三つ目小僧にはそうとしか思えない。

そして、三つ目小僧がこれからフォーカスしようとしている3つの労働キーワードにも、この状況が大いに影響を及ぼしているのである。

筆者は、故安倍晋三元首相が掲げた「アベノミクス」を「アホノミクス」と名づけ変えた。故人に対して礼を失するかと少々気が引けながらも、この言葉を使わせて頂きたい。お許し頂ければと思う。

安倍氏の後任者、菅義偉《すがよしひで》前首相の経済運営を「スカノミクス」と命名した。中身スカスカのイメージもあるが、「スカ」には「はずれくじ」の意味もある。こんな「スカ」をつかまされたのでは堪《たま》らない。その思いも込めた。

現岸田文雄首相の経済運営は「アホダノミクス」にした。岸田氏が掲げる「成長と分配の好循環」というフレーズが、アホノミクスの丸パクリだからだ。岸田さんは「困った時のアホ頼み」だというイメージも込めた。

スカノミクスもアホダノミクスも、要は、アホノミクスの二番煎じ、三番煎じだ。働く人々との向き合い方も、アホノミクスが敷いたレールの上を今なお滑り続けている。

このレールが敷設されたのは、アホノミクスの大将の政権が発足して間もない時のことだった。2013年1月に開幕した通常国会冒頭の施政方針演説において、アホノミクスの大将は、「世界で一番、企業が活躍しやすい国を目指します」と宣言した。

企業が活躍しやすい国とは、どんな国か。様々なとらえ方が有り得る。だが、ことアホノミクスに関して言えば、それは間違いなく「労働コストが低い国」を意味していた。なぜそう考えられるのかをここで立ち入って申し上げていると長くなるので、それは割愛する。ご関心の向きは、恐縮ながら他の拙著でご確認頂ければ幸いだ（『どアホノミクスの断末魔』２０１７年、『窒息死に向かう日本経済』２０１８年、いずれも角川新書）。

アホノミクスの大将による「低労働コスト国」追求路線のレール上に、次に出てきたのが、例の「働き方改革」という構想だった。２０１８年7月には「働き方改革を推進するための関係法律の整備に関する法律」（通称「働き方改革関連法」）が公布され、順次施行に入っている（筆者としては「施行に入ってしまった」と言いたいところだ）。

「働き方改革」構想は、実を言えば「働き方改革」構想ではない。

その正体は、「働かせ方・超お買い得化」構想だ。いかに安上がりに、いかに効率的に、21世紀の労働者たちを使いまくるか。そこに焦点を置いたのが、この構想である。

この構想が実現しようとしているのは、21世紀の労働者たちの生産性を引き上げ、そのことによって経済の高成長に結びつけていくことだ。働く人々のための「働き方改革」ではない。

チームアホノミクスの「働き方改革」は、人と幸せをつなぎとめる蝶番としての労働の有り方とはまるで無関係だ。

それどころか、「働かせ方」を変更することによって、彼らは、日本企業が「世界で一番」労働コストという名の制約から解放されることを目指している。労働者を保護するための法制度の遵守責任から「世界で一番」解き放たれた状態で、日本企業が収益と効率を追求する。そして、そのことが、強くて大きな日本経済の構築につながっていく。強くて大きな経済基盤の上に、強くて大きな、21世紀版・大日本帝国を築き上げていく。これがアホノミクスの大将の政治的下心だ。

彼のこの野望が今なお毒々しく息づいていることは、与党の政治家たちが、ロシアによるウクライナ侵攻を盾に取って、日本の軍備増強と憲法改正を正当づけようと鼻息を荒くしているその様相に、如実に表れている。

このような下心政治が渦巻く中で出現してきた「働き方改革」体制が、その目玉商品としているのが、「柔軟で多様な働き方」の推奨である。

働き方改革関連法については、同一労働同一賃金と、長時間労働の是正の実現を打ち出したところに、その画期的な特性があると受け止められがちだ。そのような理解の浸透に向かって、政治的なプロモーションが盛んに行われてきた。メディアが、このプロモーションに踊らされてきた。

だが、実のところ、同一労働同一賃金と長時間労働の是正は、チームアホノミクスによる「働き方改革」の当初の構想の中には入っていなかった。「働き方改革」の当初構想は、「柔軟で多様な働き方」を浸透させていくことがその一本柱だったのである。

同一労働同一賃金と長時間労働の是正は、有体《ありてい》に言えば、体裁を整えて通りをよくするために付け加えられた、側面支援的つっかえ棒に過ぎなかった。「働き方改革」への労組の賛同を取りつけるための、取引材料だった面もある。これらの点についても、前掲の各拙著でご確認頂ければ幸いだ。

彼らが打ち出した「柔軟で多様な働き方」は、何を意味していたか。

それがまさしく、本章でこれから見ていこうとしている就労形態、すなわちフリーランス化であり、人々のギグワーカー化だ。

そして、その延長上にあるのは、人々のプレカリアートへの転落の恐れだ。

このカラクリの解明を含めて、21世紀の日本の労働者が、どのような働く日常に当面しているかについて、順次見ていくこととしたい。

チームアホノミクスのフリーランス絶賛論

2016年10月20日、世耕弘成《せこうひろしげ》経済産業大臣（当時）の次の発言がネット配信された。


〈「安倍内閣にとって「働き方改革」は最大のチャレンジであり、「兼業・副業」や「フリーランサー」のような、「時間・場所・契約にとらわれない、柔軟な働き方」は、働き方改革の「鍵」となると思っています。

日本経済が今後もしっかりと成長していくためには、従来の日本型雇用システム一本やりではなく、兼業、副業、フリーランサーのような、働き手一人ひとりの能力を

柔軟な働き方で引き出していくということが重要かなと思います〉

これに先立って、同年9月には「働き方改革実現会議」が発足していた。世耕発言のほぼ一か月後には、経産省内に「雇用関係によらない働き方研究会」が設けられた。

いずれ、チームアホノミクスの誰かがこの種のことを言い出すに違いない。きっと、こういう動きが出てくるに違いない。当時の筆者はそう考えていた。それがあまりにも図星だったので、かなりビックリした記憶が蘇る。

一つの会社に「生涯就社」するのはもう古い。雇用されない働き方が、最も今的だ。皆さん、どんどんフリーランスになりましょう。一億総フリーランス時代がやって来ますよ。そうなればなるほど、皆さん、才能を生かしながら伸び伸びと仕事をすることができるようになりますよ。経産省や厚労省による、大々的なフリーランス化の勧めが始まった。

ここでご注意頂きたいのが、前出の世耕発言の後段部分だ。再掲しよう。

〈日本経済が今後もしっかりと成長していくためには、従来の日本型雇用システム―

本やりではなく、兼業、副業、フリーランサーのような、働き手一人ひとりの能力を柔軟な働き方で引き出していくということが重要かなと思います〉

この一文の中に、チームアホノミクスが言う「働き方改革」が、いかに「働かせ方改革」であって、その狙いがどこにあるのかが集約的に表れている。

狙いは冒頭に明記されている。

それは、「日本経済が今後もしっかりと成長していくために」だ。

そのために、「働き手一人ひとりの能力を柔軟な働き方で引き出していくということが重要」なのだと言っている。経済成長力を保持していくために、人々を柔軟な働き方で働かせる。そうすることで、「働き手一人ひとりの能力」を引き出していくのだという。

この論法のどこに、人々のために、より良き働き方を実現しようという気構えがあるのか。どこに、人と幸せをつなぎとめる蝶番としての労働の有り方に関する問いかけがあるのか。聞くだけ野暮《やぼ》だ。彼らの構想のどこにも、このような感性は見当たらない。

さらに言えば、「働き手一人ひとりの能力を柔軟な働き方で引き出していく」という言い方には、どこか、前章で見た就労動機としての「自己実現」「承認欲求」「社会貢献」の三点セットに結びついていくものを感じる。「やりがい詐欺」につながっていく筋道を感知してしまうものがある。

ここに、21世紀の資本が求める労働像と、アホノミクスの大将が掲げた「世界で一番、企業が活躍しやすい国を目指します」宣言との間に、不気味にして完璧な一致度を示唆するものを見出してしまう。

2 日本の「自由な槍」たちはどこまで自由なのか

フリーランスはなぜフリーランスなのか

かくして下心政治が、「フリーランス化の勧め」キャンペーンを大々的に展開する中で、日本のフリーランス事情はどのようになっているのか。

これを見ていくに当たって、そもそも、フリーランスはなぜフリーランスなのかということを押さえておきたい。

フリーランスは、英語ではfreelanceと書く。freeはもとより「自由」だ。それではlanceとは何か。それは「槍《やり》」の意だ。つまり、フリーランスとは「自由な槍」なのである。「自由な槍」とは一体何か。鋭き読者の皆様はすぐピンとこられるだろう。

「自由な槍」とは、すなわち傭兵《ようへい》である。愛用の槍一本引っ下げて、戦場を渡り歩く。用心棒家業も務める。そんなフリーランサーたちは実力が頼り。高度な技術を売り物に、場所や時間について制約を受けることなく、華麗な荒稼ぎの舞台を求めて、フットワーク軽く活躍の場を転々と変えていく。気に食わないご主人にお仕《つか》えし続ける必要はない。腕の良さが評価の高さに直結する。実に颯爽《さっそう》たるイメージだ。

というわけで、フリーランスという言葉の語源は古い。そのいわば現代バージョンとしてイギリスでよく使われるのが、self-employedという言い方だ。「自分で自分を雇っている」の意で、要は個人事業主だ。

イギリスの働く人々は、この就労形態が大好きだ。〝I am self-employed〟と実に誇らしげに言う。そう言った後に、〝So I am my own person〟と続ける場合が多い。「自分は自分のものだ」である。自分は誰の持ち物でもない。誰にも支配されていない。それがself-employedであることの醍醐味だ。イギリスの働く庶民はそう考える。

イギリスの最も古典的で典型的な個人事業主が、タクシードライバーさんと水道屋さんたちだ。

ロンドンのブラックキャブのドライバーさんたちは、誇り高き専門家集団だ。住所さえ言えば、何も聞かずにそこに連れて行ってくれる。お客さんに道順を聞くなぞということは、絶対にしない。いわんや、カーナビに頼ることなど、考えもしない。腕に物を言わせて好きなように稼げるから、会社に所属して給料をもらう必要はない。

もっとも、彼らのこんなステータスも全く不動だというわけではない。まずは、ある時から増え始めた「ミニキャブ」すなわち予約制の白タクが競争相手になった。そして今や、かのウーバーをはじめとする「ライドシェア」サービスが一大強敵として出現している。

この問題は、「柔軟で多様な働き方」をする人々の権利保護というテーマとの関わりで、実はとても重要だ。

イギリスの水道屋さんたちは、ロンドンのキャビーに輪をかけて気位《きぐらい》が高くて、扱いが難しい。何しろ彼らは、緊急時のエッセンシャルワーカーだ。水道管が凍結した時。キッチン・シンクの流れが詰まって洪水状態になった時。水道屋さんは救世主だ。

そして、彼らはそれをよく承知している。だから、すぐ駆けつけてくれるということは滅多にない。自分たちの都合が最優先だ。助けをお願いする側は、ひたすらこうべを垂れてお待ちするほかはない。料金も言いなりだ。

ただし、彼らの場合にも、やはり、ある時からライバルが出現している。その名が〝Polish plumber〟だ。「ポーランド人の水道屋さん」である。ＥＵが東欧に向かって拡大していき、その中で、国境を越えたヒトの移動の自由が、彼ら新規加盟国にも適用されるという展開になった。

すると、イギリス人の水道屋さんのようにお高くとまらず、低料金で効率的に働いてくれるポーランド人の水道屋さんたちが次々と出現するようになった。融通を利かせてくれるエッセンシャルワーカーに、利用者側は大喜び。一方で、神様扱いされてきた〝British plumbers〟は大慌て。お笑い感も込めて、こんな構図がしばしば話題になる。

かくして、初めに「自由な槍」を引っ下げた中世の騎士たちがいた。現代イギリスの誇り高き個人事業主たちは、この中世のフリーな騎士たちの系譜に連なる人々だ。

だが、いまや、この系譜とはかなり肌合いの異なるタイプのフリーランサーたちが出現し、伝統派の地位を脅《おびや》かしている。

さて、それでは、チームアホノミクスとその後継軍団が推奨するフリーランサー像は、どのような肌合いの人々をイメージしているのか。お勧めに従ってフリーランサーとなった日本の働く人々の実情はどうなのか。彼らは、その腕前にふさわしい待遇を受けているのか。彼らはどうフリーなのか。どこまで、「自分は自分のもの」と言い切れるのだろうか。いよいよ、日本のフリーランス事情に目を向けていこう。

日本の「自由な槍」は老兵が多い

2020年5月に「フリーランス実態調査結果」という報告書が発表された。調査主体は、「内閣官房日本経済再生総合事務局」(以下、内閣官房)という、いささか背筋がぞわっとするような不気味な名前の組織だ。このような名称の組織の調査結果をどこまで信用していいか。そこに疑念を持ってしまう。

だが、だからこそ、これを分析対象としないわけにはいかないだろう。まずは敵情視察。この感覚で、一通り内閣官房調査の内容を見ておく。その上で、他の情報ソースにも当たることにする。

内閣官房の試算によれば、調査時点（2020年2月〜3月）での日本のフリーランス型就労者の数は、462万人だった。他にも、日本のフリーランス就労者数に関する試算は各種ある。そして、フリーランスをどう定義しているかによって、数値にはかなり幅がある。ただ、それでも概ね、300万人強から500万人弱という範囲に収まっている。

そこでひとまず、内閣官房の数字を採用すれば、就労人口全体（2020年は6670万人強）に占めるその割合は、「約7%」である。なかなか高い数値だ。

現時点では、500万人に達しているという民間の調査結果もあるようだ。チームアホノミクスの「フリーランス化の勧め」は、かなりの効力を発揮してきた感がある。

さて、そこで内閣官房調査の結果である。この調査は、どんな日本フリーランサー物語を語っているのか。

語り出しは調査対象者たちの基本属性である。具体的には年齢構成だ。基本属性が年齢構成だけというのは、少々違和感がある。性別などもあってよさそうだ。もっとも、今日の社会では、性別を決めつけるのは避けるべきことなのかもしれない。ひとまず、その観点からの配慮だと思っておくことにしよう。敵情視察もあまり懐疑的になり過ぎてはいけない。それはともかく、内閣官房調査が対象としたフリーランサーたちの年齢構成は、次のようになっていた。

〈フリーランスの年齢構成〉

29歳以下：　11％
30歳以上40歳未満：17％
40歳以上50歳未満：22％
50歳以上60歳未満：20％
60歳以上：　30％

さて、この構図をどう読み解くか。
日本の働く人々にとって、フリーランスは新しい働き方だ。だからこそ、チームアホノミクスが必死で、その大プロモーション・キャンペーンを張ったわけである。
新しいものは若者世代に受ける。直観的にはそう思われる。就活サポーターたちに誘導されて、自己実現や承認欲求が満たされる職場を探し求める若者たちは、「自分らしさ」

をいかんなく発揮できる「自由な槍」としての生き方を好みそうなものである。

現に、ミレニアル世代（概ね1980年代～1990年代前半生まれ）とか、Z世代（概ね1990年代後半～2010年代前半生まれ）と呼ばれる世代の若者層は、「バウンダリーレス」あるいは「プロティアン」なキャリア形成志向が強いとしばしば言われる。

バウンダリーレスとは、「境界がない」の意だ。一つの会社という境界の中にとどまることなく、次々と新たな環境の中に身を置いて能力を蓄え、磨き、発揮する。それがバウンダリーレスな働き方だ。

プロティアンは、「プロテウス的」だということである。プロテウスはギリシャ神話の中に登場するいたずら好きの神様だ。神様というよりは小鬼《こおに》というイメージだ。プロテウスは変幻自在。コロコロと姿形を変えて人々を翻弄する。特定の枠組みに我が身を合わせるのではなく、奔放に働きたい場所で働きたいように働く。それがプロティアン・キャリアの追求者たちだ。

このように境界を振り捨て、華麗なる変身の連続技で満足度の高いワーキングライフを手に入れようとする若者たちは、いかにもフリーランスがお好みでありそうだ。

ところが内閣官房調査の結果によれば、そうではない。それどころか、若い世代になればなるほど、フリーランサーの中に占める割合が低い。見られる通り、調査対象フリーランサーたちの中で、29歳以下の世代が占める割合は、11%にとどまっている。

それに対して、60歳以上のフリーランサーたちの対全フリーランス比率は、30%に達している。全年代の中で、この世代の構成比が一番高い。ダントツトップである。この人々は、いつからフリーランサーだったのだろう。ひょっとして、若かりし頃から「自由な槍」として様々な職場を渡り歩いてきたベテランフリーランサーなのか。

そうではないと考えてほぼ間違いないだろう。60代と言えば、前出の世耕発言の中に出てきた「従来の日本型雇用システム一本やり」の就労環境に、ほぼどっぷり浸ってきた人々である。終身雇用で年功序列が大前提。その道を歩み続けて何十年という人々だ。彼らの中に、若かりし頃から「自由な槍」を振りかざしていた傭兵族がそう数多くいたとは思えない。となれば、これらのシニア・フリーランサーたちは、「従来の日本型雇用システム」から定年退職した後、あるいはそのタイミングが近づいてくる中で、華麗なる転身を図ったということになる。

これはなかなか面白い。この人たちは、長いサラリーマン・ライフの中で、密かに「自由な槍」ライフに憧れていたのかもしれない。すると、何と政策が、「フリーランス化の勧め」を始めた。そこで、思い切って夢の実現に動いた。そんな面があるかもしれない。むろん、金銭的に背に腹は代えられないという面もあっただろう。

この辺の感じはどうなのか。一定の答えが、内閣官房調査の次の項目に表れている。「フリーランスという働き方を選択した理由」である。そちらに目を転じよう。

「自分流」の実現と収入増の両立を求めて…

調査回答者たちがフリーランサー化の道を選択した理由のうち、トップスリーが次のようになっていた。

〈フリーランスという働き方を選択した理由〉

1位　自分の仕事のスタイルで働きたいため　57・8％

2位　働く時間や場所を自由にするため　39・7％
3位　収入を増やすため　31・7％

ここで苛《いら》つくのが、このデータの世代別ブレークダウンが解らないことである。「自由な槍」になりたい理由に、世代間でどんな差があり、どんな特徴が表れているのか。それが知りたいところだ。だが、その情報が示されていない。

どうもこの調査は、こういうところが雑だ。調査主体の「内閣官房日本経済再生総合事務局」という御大層《ごたいそう》なネーミングのわりには、踏み込みに欠ける。おかげで、三つ目小僧はあれこれ推理力を発揮することを強いられる。

推理の結果、結論的に言えば、この選択理由の順位にも、前項でみたフリーランサーたちの年齢構成が反映されていると考えられる。

「自分の仕事のスタイルで働きたいため」が6割弱を占めているのは、前述の通り、ベテラン・サラリーマンの「自由な槍」願望の表れだと考えて大過《たいか》なさそうだ。

長年の職場経験の中で、「自分流」がどういうものかがよく解ってきた。だが、サラリーマン・ライフの中では、その「自分流」を存分には発揮できない。不本意なやり方にも、甘んじて与《くみ》しなければならない。そんな我慢を続けてきたからこそ、セカンドライフに到達したところからは、伸び伸びと「自分流」を貫くぞ。そんな思いがこの回答比率の中に表れているのだと思われる。

対する若い世代のフリーランサーたちにおいては、まだ「自分流」が確立されていない。だから、彼らのフリーランス選択理由は、どちらかと言えば、「働く時間や場所を自由にするため」に集中しているかもしれない。

シニア（多分）フリーランサーたちの「自分流」へのこだわりは、注目に値する。

ただ、ここで見落とせないのが、「収入を増やすため」がフリーランス選択理由の3位につけていることだ。しかも、2位の「働く時間や場所を自由にするため」と回答率にさほど大きな差はない。フリーランスという就労形態においてもやはり、「なぜ働くのか」と金銭動機の間には強い結びつきがあるということだ。

このことをしっかり踏まえた上で、内閣官房調査の次の項目に進もう。「フリーランスという働き方の満足度」と「フリーランスとして働く上での障壁」である。

だが、収入は低くて不安定な日本の「自由な槍」たち

「フリーランスという働き方の満足度」によれば、回答者たちは、仕事上の人間関係や就業環境、達成感や充実感などに関して、いずれも高い満足度を表明している。

例えば、「仕事上の人間関係」については、20・1%の回答者が「非常に満足」、65・6%が「満足」だと回答している。「就業環境」と「達成感や充実感」についても、概ね同様の結果が出ている。これを見る限り、日本の「自由な槍」たちは、結構、気分爽快に力を発揮しているように見える。

だが、ここで納得してしまってはいけない。「自由な槍」たちが、著しく不満を抱いているアイテムがある。

それが「収入」である。フリーランスとして働くことで得られる収入に対して、「非常に不満」と答えた人々が16・2%、「不満」が46・4%だった。合わせて62・6%である。それなりに気分よく「槍」を振り回している。だが、そのことによって得られる報酬については、6割以上の「自由な槍」たちが不満を抱いているのである。

続いて「フリーランスとして働く上での障壁」の項目を見てみると、1位は「収入が少ない・安定しない」が59％に達している。2位以下の「他人とネットワークを広げる機会が少ない」（17・2％）、「仕事がなかなか見つからない」（15・3％）などを全く寄せ付けない「障壁度」だ。

こうして見てくると、何とも言えない気分になってくる。

日本の「自由な槍」たちは、そのコア部分がベテラン・サラリーマンの中から出現している。彼らは、長年の宮仕えの過程で発見した「自分流」を、セカンドライフの中で開花させるべく、フリーランス化する。だが、いくら自分流を開花させても、それだけでは飯は食えない。だから、相応の収入確保を追求する。

ところが、蓋を開けてみれば、なかなか納得ができるような収入は得られない。仕事上の人間関係などについては、宮仕え的しがらみや忖度《そんたく》がないから、満足度が高い。しかしながら、収入の少なさと不安定さがどうしてもネックになる。タダほど怖いものはないというが、フリーランサーたちにとっては、自由ほど割に合わないものはないという雰囲気だ。少々、切ない。

さて、それでは切なき日本の「自由な槍」たちは、実際にどれほどの収入を得ているのか。内閣官房調査は、この点についてもいくつかの数字を示している。

その中の一つに、「フリーランスを本業とする主たる生計者」の年収を、雇用者として働いている人たちの年収と、比べたものがある。「主たる生計者」とは、「世帯の中で最も所得が高い者」の意だ。

このデータによれば、フリーランスの年収構成の中で、最も比率が高いのが「年収200万円以上300万円未満」の金額帯で、この比率が19%であった。

次いで比率が高いのが「300万円以上400万円未満」「100万円以上200万円未満」「100万円未満」の3つの金額帯で、いずれも比率は16%であった。

つまり、フリーランスの年収構造の中においては、「400万円未満」の金額帯が、7割近くという比率になっているのである。しかも、そのうちのおよそ4分の1が「100万円未満」の金額帯だ。

日本で貧困世帯といわれる世帯の年収が、およそ120万円である（単身者世帯）。年収300万円未満の世帯は低所得層とみなすのが、一般的な理解だ。これを踏まえて考えれば、フリーランサーたちが収入の低さを大きな障壁だと訴えていることも大いに頷《うなず》ける。

なお、ここでもう一つ注目したいのが、「フリーランサーの年収曲線」と「雇用者の年収曲線」が、実に酷似した姿になっていることである。両者はほとんど重なっている。雇用者年収のボリュームゾーンも、フリーランサーのそれと同じ「200万円以上300万円未満」で、しかも比率まで19％でピッタリ一致している。

この点について内閣官房調査は、「主たる生計者が本業として行うフリーランスの年収は、年収200万円以上300万円未満が19％と最も多い（雇用者としての年収と同傾向）」というコメントを書き込んでいる。

この、丸括弧の中の書きぶりが曲者《くせもの》だ。このように書けば、「フリーランスになっても、雇用者の場合と大差ない年収が得られる」と言っているように聞こえる。「だから安心してフリーランスになりましょう」と言わんばかりだ。

だが、これはいかさまだ。ここで読み取るべきことは、「フリーランスになっても雇用者並みの収入が得られる」という情報ではない。受け止めるべきメッセージは、「雇用者の年収が低すぎる」ということだ。

この調査には、どうも、こういう誘導尋問的なコメントが忍び込みがちになっている。

そのもう一つの事例が、「フリーランスという働き方の継続意思」という項目だ。

「今後もフリーランスとして働きたいですか」という問いに対して、78・3%が「働き続けたい」と回答している。

その内訳として、「受ける仕事を増やす予定」が46・2%、「受ける仕事の規模を維持する予定」が46・0%を占めていた。そもそも、設問の中に「フリーランスとして働き続けたくない」という選択肢がないのが不思議だが、それはさておくとしよう。

この結果に対する内閣官房調査のコメントが、「今後もフリーランスとして働きたいと回答した者が、8割。そのうち、フリーランスとしての事業規模の維持・拡大を予定する者は9割」である。こう書けば、いかにもフリーランスが超人気稼業のように聞こえる。

だが、ここは注意を要する。大多数のフリーランサーがこのまま働き続けたいと回答しているのは、そうするほかはないからではないのか。収入の低さが、彼らに継続を余儀なくさせているのではないのか。仕事量を増やしたいと考えているのも、少しでも収入を増やしたいからではないのか。その辺が追及されていない。

「会社員になりたい（会社員に戻りたい）」という選択肢もあり、その回答比率は3・4%だった。これも、この数値だけを見れば、サラリーマンなんかよりフリーランスの方がずっといいと思っている「自由な槍」たちが圧倒的に多いようなイメージだ。

だがご記憶の通り、日本のフリーランサーは、その30%が60歳以上だ。50歳～59歳の20%と合わせれば、50%になる。これらの人々にとって、今さら「会社員になりたい（会社員に戻りたい）」を選択することには意味がない。非現実的である。

この調査には、こうした各種のニュアンスをバサバサ切り捨てていく傾向が色濃い。そうすることで、フリーランスのイメージアップを図っているように思えてならない。

メディアがとらえた哀しき「自由な槍」たちの実像

以上、内閣官房の「日本経済再生総合事務局」が取りまとめた「フリーランス実態調査結果」の中身を見た。

調査主体としては、フリーランス型の生き方は満足度が高く、そこにはこれからもガンガン「自由な槍」として活躍していきたいと考えている21世紀の労働者像がある、と何としても言いたいという構えが滲み出ている。三つ目小僧にはそう見えた。

これだから、実態調査と称する資料は怖い。調査主体にとって都合の良い結果となるようにしか、問いかけを行わない。一つの調査結果を、別の角度から因数分解するということを試みていない。これでは、本当のところが解らない。

解ったのは、フリーランス化の勧めを大展開したいと考えている人々が、いかに懸命に、その意図に合ったイメージで調査結果をショーアップしようとしているか、ということだった。これはこれで収穫だ。だが、それだけではいけない。真相究明を目指す名探偵の捜査は、多面的でなければいけない。


そこで、ここからはメディアが伝えたフリーランスの働く実態に注目したい。

取り上げるのは、NHKテレビの『クローズアップ現代』シリーズの一環として放映された、「自由な仕事というけれど　フリーランス急増の裏で」という番組である。

この番組では、まず、日本でフリーランサーが急増していることを報じ、「自由で柔軟な働き方として個人も企業も期待を寄せ、政府も成長戦略の一つに位置づけてきました」と述べる。その上で、「しかし取材を進めると、転身した人たちが様々な誤算に見舞われ、生活が立ちゆかなくなったり、働く人の尊厳を奪われたりする事態も見えてきました」として、「フリーランスの実態と課題」に焦点を当てた。

番組が進行する中でまず示されたのは、高い専門性を有する人々にとっては、フリーランス化が、働く時間と場所についての自由度の高まりと、収入の増加につながるということだった。ある健康機器メーカーで商品開発に携わり、会社が提供した正社員からフリーランスへの転身の機会を利用した、技術者の事例が紹介されていた。

それに対して、特段の専門性を有していない人がフリーランスに転身し、悲惨な結果に見舞われたケースとして、運送会社と契約を結ぶ宅配ドライバーさんの姿が生々しく描出されていた。

その人いわく、「『フリーランス』って光って見えました。『フリー』なので、もっと時間がとれるんじゃないかと」。当初は確かに、サラリーマン時代より早く帰宅できていた。大きな転職動機だった、子どもと過ごす時間を増やすことも実現した。

ところが、会社側からの契約内容の変更要請に応じたところから、とんでもないことになった。当初の契約では、月々の報酬は、荷物1個当たりの単価に、運んだ荷物数を掛ける方式で定められていた。それに対して変更後の契約では、報酬が、1日単位の固定額に変わった。そして、割り当てられる配送荷物の個数が激増したのである。

こうなれば、何が起こるかは自明だ。日給を確保するためには、いくら時間がかかっても、当日の割り当て荷物数をこなさなければならない。フリーランスだから、働く時間に制約はない。もちろん、残業代も出ない。子どもと過ごす時間を増やすために転職したのに、一緒に住んでいることを忘れるくらいに疎遠になってしまった。家族が過労死を心配する事態になった。

「会社側に抗議は？」という取材者の質問に対して、この哀《かな》しき「自由な槍」は、そんなことをしたら、「変な配送エリア」に回されたり、出勤日数を減らされたりしてしまうのだと答えた。

こんなことなら、再転職を考えるべきだ。そう言いたくなる。

だが、哀しき「自由な槍」は実感している。いったんフリーランスになると、働き方を変えることは難しいのである。なぜなら、雇用されている労働者ではないので、原則として失業保険給付が受けられない。だから、今の仕事を辞めてしまえば、転職のための就活中の生活が立ち行かないのである。

やっぱり、こういうことなのである。内閣官房調査の結果について三つ目小僧が推察した通り、フリーランサーたちがフリーランサーであり続けることを希望するのは、それを辞めるに辞められないからだった。

嘆きのギグワーカーたちはお座敷芸人

『クローズアップ現代』が焦点を当てたような哀しき「自由な槍」たちは、全国津々浦々に多数おいでになるに違いない。

現に、この番組関連の取材ノートに、「フリーランス・トラブル110番」が登場する。厚生労働省などから委託を受けた「第二東京弁護士会」の弁護士たちが、電話やメールで相談に応じている。2020年11月に開設された。その後の1年半の間に、6000件近い相談が寄せられているという。

相談を寄せるフリーランサーたちの職種は実に多様だ。運送業・IT関係・フードデリバリー・フリーライター・ホテル関係・医療事務・造園業等々だ。

相談の多くが、報酬の未払いに関するものだという。ここでも、内閣官房調査における フリーランスに関する不満点と障壁が、「収入」に集中していたことを思い出す。

2022年5月下旬には、フリーランサーたちのための新しい組織が発足した。任意団体の「フリーランスユニオン」である。既存の組織としては、「プロフェッショナル&パラレルキャリア・フリーランス協会」がある。こちらは2017年に発足した。

後者は、個人事業主タイプの、専門職型フリーランサーのための組織だ。発足間もない前者は、『クローズアップ現代』がフォーカスした哀しき「自由な槍」を典型とする、専門性の低いフリーランサーたちのための組織だ。「フリーランス・トラブル110番」に助けを求める人々である。

このような組織が発足すること自体、決して自由ではない日本の「自由な槍」たちが当面する状況の、理不尽さが滲み出ている。

本章の冒頭で、三つ目小僧は、フリーランスに加えて、ギグワーカーとプレカリアートという2つのキーワードについても見ると言った。今、その場面が到来した。

ギグワーカー、あるいはギグエコノミーという言葉は、ここに来て、日本でもかなり使われるようになっている。これらの言葉が筆者の目に止まり始めたのは、２０１６年辺りからのことだ。講演先や大学の授業の中でも取り上げた。当時は皆さん、初耳状態だった。だが、いずれはこの言葉が日本でも大ブレークするに違いないと考えて、皆さんにもそう申し上げていた。今、ようやくその時を迎えているようだ。

　ギグワーカーのギグは、gigだ。古くからある言葉で、実に多くの意味で使われてきたが、ギグワーカーの場合のギグは、ジャズのセッションのイメージだ。その場限りの即興パフォーマンスに、ミュージシャンたちが集う。演奏が終われば、その場を立ち去って行く。そして、次のギグに向かう。その場限りの単発演奏。単発演奏から単発演奏へと渡り歩くミュージシャンたち。このイメージが、ギグワーカーという言葉を生み出した。

　つまり、ギグワーカーとは、「単発仕事から単発仕事へと渡り歩いて生計を立てる労働者」の意だ。

　ギグワーカーという言葉が初めて使われ出したのは、２００８～２００９年のことである。つまり、リーマンショックの衝撃が世界に広がる時期が、この言葉のデビュー・タイミングだったのである。

なぜこうなったかというと、リーマンショックのアメリカでは、多くの人々が一夜にして失職したからだ。リーマン社の社屋から、解雇された従業員が段ボール箱を抱え、列をなして立ち去って行く。そのニュース映像が脳裏に焼きついている方が、たくさんお出でになると思う。

突然失業した人々は、必死で次の働き口を探す。どんな日雇い仕事でも引き受ける。日雇い仕事を渡り歩き、兼業・副業を数多くこなして、何とか、その日暮らしを成り立たせる。そんな彼らを、人呼んで、ギグワーカーと言うようになったのである。

さらには、２０１６年の大統領選を闘う中で、ヒラリー・クリントン氏が「ギグワーカーたちを救え」と訴えたので、一躍、この言葉がアメリカを中心にブレークしたのだ。


こうしてみればお解り頂けると思う。

ギグワーカーもまた、哀しき「自由な槍」だ。ギグワーカーこそ、最も哀しき「自由な槍」だと言った方がいいかもしれない。巧みに単発仕事から単発仕事へと八艘飛《はっそうと》びして行くその姿は、華麗に見えないこともない。だから当初、日本では、時代の先端を行く働き方のようにメディア上でもてはやされる面があった。だが前述の通り、発祥の地のアメリカにおいては、否定的な意味で使われ出した言葉だ。そのことを忘れてはならない。

筆者は、ギグワーカーにお座敷芸人のイメージを重ねた。お座敷芸人さんたちは、誰かに雇用されているわけではない。「自由な槍」だ。お座敷がかかれば、どこにでも出て行って、芸を披露する。いいお座敷もあれば、怪しげなお座敷もある。

だが、よほど引く手あまたの名人でなければ、芸人側からお座敷を選ぶことは難しい。契約条件も、およそあいまいだ。そもそも、契約相手が定かではない。お座敷の所有者なのか。お座敷にやってくるお客さんなのか。予《あらかじ》め定められた固定給を支払ってもらえるのか。お客さんからのご祝儀を当てにするしかないのか。このタイプの「自由な槍」の悲哀は深い。

ギグワーカーという言葉は、実に言い得て妙な言葉だと思う。21世紀の労働者たちが当面する労働環境を、とてもよくとらえている。

ただ、ある時、あることに気がついた。授業の課題レポートの中で、ある学生さんが、この言葉の意味を検索する前の初対面状態で「ギグワークとは何か即興で集まってやる仕事を指すのではないか」と推察していた。なかなか鋭い。そして、筆者にとって実に示唆的だった。はっとした。なぜなら、ギグワーカーたちは集まらないからである。

「即興で集まってやる仕事」というフレーズには、何やらワクワク感が伴う。何か、面白いことが始まりそうだ。だが、ギグワーカーたちは集わない。彼らは孤独だ。単独自力で、生計を立てるために懸命になっている。

哀しき「自由な槍」は独りぼっちなのである。ギグに参加するジャズ・ミュージシャンたちのように、反応し合い、触発し合い、フュージョンし合い、絶妙なハーモニーを生み出すわけではない。ひたすら、お座敷からお座敷への八艘飛びと向き合うのみだ。

彼らに集いの日、団結の日が来るか。前出の、できたばかりの「フリーランスユニオン」は、日本のギグワーカーたちに、分断からの解放と団結の場を与えることができるだろうか。大いに注目されるところだ。

哀しき「自由な槍」の終着点はプレカリアート？

「ギグワーカー　行き着く先は　プレカリアート」。

こんな字余り川柳ができてしまいそうだ。プレカリアートは、英語でprecariatである。

プレケアリアス（precarious：危うい・不安定・一寸先は闇）と、プロレタリアート（proletariat）を合体させた造語だ。1980年代から存在する用語だが、哀しき「自由な槍」たちが増える中で、改めて多用されるようになっている。

話題を呼んだ著作、『7つの階級 英国階級調査報告』（マイク・サヴィジ著、東洋経済新報社、2019年）によれば、今日の英国社会を構成する7つの階級の中で、最下層の位置づけに追いやられているのが、このプレカリアートだ。どん底労働者たちである。

明日の我が身はどうなるか。皆目《かいもく》、見当がつかない。だが、だからこそ、必死でその場限りの単発仕事にしがみつくほかはない。どんな労働条件も受け入れるほかはない。どんな長時間労働にも耐えなければならない。極貧労働者。それがプレカリアートだ。

新型コロナウイルス感染症が蔓延《まんえん》したことで、現代イギリスのプレカリアート層は、一段と拡大してしまっているそうだ。

さらに問題なのは、プレカリアートの多くが、実はエッセンシャルワーカーだということだ。清掃員さん、ゴミの収集員さん、宅配便の配送員さん、スーパーやコンビニのスタッフの皆さん。彼らは、コロナ襲来の中でも、家で巣ごもりするわけにいかなかった。

オンラインで仕事をするわけにもいかない。世のため人のため、社会的ニーズに応じて出掛けていかなければならない。命がけで外に出なくてはいけない。パンデミックの中でも、世の中が支障なく回っていくために、彼らは働き続けていた。我が身の安全を度外視してでも、リアルな勤務につかなければいけない。そのことに、果敢に挑んできた。このような人々が、明日の我が身に見通しのつかないプレカリアート層に追い込まれている。

これは何たることか。彼らはプレケアリアスどころか、プレシャス（precious：貴重な）扱いされるべきだ。だが、実態はそうではない。

ここで、思い出すのが第1章でとり行った「レビューのレビュー」に出てきた内容だ。取り上げた参考文献の一つ、『ブルシット・ジョブ　クソどうでもいい仕事の理論』の中には、エッセンシャルワーカーたちがその仕事に値する報酬を得ていないという指摘があり、それにレビュアーたちが敏感に反応していた。

日本でも、ギグワーカーたちがどんどんプレカリアート化してしまうのか。政策的なフリーランス化の勧めの行き着く先は、そこなのか。本当はプレシャスな働き手たちが、プレケアリアスな日々を生きることになってしまうのか。そうなってしまった時、働き方改革推進派の面々はどう責任を取るつもりなのか。

日本が先進国中、最も賃金が上がらない国となっている今、内閣官房日本経済再生総合事務局は、「プレカリアート実態調査」をとり行うべきではないのか。

もっとも、彼らにそれを託したのでは、どんなご都合主義的調査結果が出てくるか解らない。「フリーランスユニオン」にお願いするのがベストかと思う。

この思いと、哀しき「自由な槍」たちとともに痛む共痛感を胸に抱きつつ、旅の次の行程に進む。ソロリソロリとゴールが近づいてくる。

第4章

かつて人々はどう働いていたのか

1　古代ギリシャの場合

タイムマシーンに乗る三つ目小僧

前章では、21世紀の労働者たちが、どんな就労環境と向き合っているのかを見た。そこにあるのは、哀しき「自由な槍たち」の懸命なサバイバル闘争だった。そこには、政府の「働き方改革」によるフリーランス化の勧めに誘われて、サラリーマン・ライフから「自由な槍」ライフに転身した人々の、「こんなはずじゃなかった」物語があった。「フリーランス・トラブル110番」に救いを求める電話が鳴りやまないという実態があった。収入が低すぎて不安定すぎるから、いったんフリーランスになったら、生活維持のためにフリーランスであることを辞められず、フリーランスとしての仕事を増やすことを余儀なくされる。「自由な槍」たちのそのような姿が浮かび上がってきた。

かくして、彼らは「自由な槍」化したばかりに、すっかり自由を奪われている。

最も21世紀的だ、という触れ込みになっている労働の実態が、こんなものであっていいわけがない。このままでは、21世紀の労働は、「人と幸せをつなぎとめる蝶番」としての労働からどんどん遠ざかっていくばかりだ。

21世紀の資本と、その取り込みと懐柔《かいじゅう》を目論む21世紀の政治。この恐怖のコラボの魔手から、21世紀の労働者たちを救出しなければならない。

どうすれば、それができるのか。そのために必要なものは何なのか。これらのことを探り当てるためには、三つ目小僧は、旅の次の行程をどう組み立てればいいのか。

どうも、この辺りで歴史の力を借りる必要が出てきたようだ。そのように思える。

歴史の中で人々はどのように働いてきたのか。労働が、人と幸せをつなぎとめる蝶番として機能している、そういう時代が歴史上のどこかで存在したのか。歴史の中で、人々は働くことの意義をどう受け止めてきたのか。彼らの労働観を規定したものは何だったのか。これらのことの中に、21世紀の資本とその政治的背後霊による呪縛から、21世紀の労働者たちを解き放つための、どのような示唆が潜んでいるのか。

このような問題意識に立脚して、三つ目小僧はここでタイムマシーンに乗り込むこととする。時を遡《さかのぼ》って、人々の働き方と労働観の変遷を見ていく。ご記憶の通り、第1章で見た「レビューのレビュー」の中でも、21世紀の感受性鋭き労働者たちは、労働観の歴史的変遷に強い関心を寄せていた。彼らの思いに応えるためにも、三つ目小僧の旅の次の行程はタイムスリップであるべきだろう。いざ行かん。

さて、ここで問題になるのが、時をどこまで遡るのかだ。旅する三つ目小僧の思いとしては、原始時代まで戻ってみたい。洞窟の中で生きていた時、人類はどんな働き方をしていたのか。このことに関心を抱くのは、アダム・スミス先生に触発されてのことだ。『国富論』の中で、先生は、原始時代の人々は「マルチタスク」の仕事の仕方が得意だったと言っている。

洞窟時代の人々は、誰もが何でも自分でやっていた。もちろん、協力はしただろうが、それも臨機応変。狩りをしたり、火を起こしたり、水を汲《く》んだり、赤子の面倒をみたり。誰もシングルタスクに特化していたわけではなかった。

誰もがすぐに、誰かの代役を務められるこのような社会環境の中では、人々の頭脳は常にフル回転している。誰がどの役割を演じるか、常に考えながら協力体制を整えていく。創意工夫とどまるところを知らずだ。

これに対して、特化と分業が進み過ぎると、人々は思考力と創造性を失う。考える力が低下する。分業による生産効率の向上効果を指摘しながらも、スミス先生はこれらのことについて大いに警告を発している。この点にとても感激した筆者としては、原始時代の労働実態を調査するところから始めたい。

原始の次に来るのが、古代だ。

古代の出発点は古代エジプトだ。だから、原始の洞窟探検が終わったら、古代エジプトに進みたい。古代エジプトと言えば、ファラオと奴隷たちの世界だ。そこにはどんな労働実態があったのか。近頃の研究成果によれば、ピラミッド建設に従事していた奴隷たちは、いわゆる「奴隷的」なこき使われ方をしてはいなかったらしい。

主としてパンとビールという形で潤沢な報酬を得ていて、なかなか快適な住環境さえ用意されていたのだという。もし本当にそうだったのであれば、当時の奴隷たちは、現代の「自由な槍」たちのように収入の少なさと不安定さに悩むことなく、伸び伸びとお仕事に励んでいたかもしれない。自分たちの力量なくしてピラミッド建設なし。自分たちの力量の成果が、偉大なる建造物として姿を現す。そのことに伴う自己実現感を堪能し、現場監督を介して伝えられる、偉大なファラオたちによる高い評価によって承認欲求を満たされ、古代エジプト社会への自分たちの社会貢献度の高さに酔いしれていたかもしれない。

こうなると、「奴隷的」という言葉を再定義する必要が出てくるかもしれない。それはともかく、もしも、古代エジプトにおける「働き方」あるいは「働かせ方」に関する最近の論調が妥当なものだとすれば、なぜこのような蜜月的労使関係が当時において成り立ったのか、古代社会に資本主義的生産様式が入り込む余地がなかったからなのか、等々、次々と魅惑的な疑問が湧いてくる。これらの疑問に、是非とも答えを見つけたい。

ところが、残念無念。原始と古代エジプトにおける労働の有り方については、材料集めが行き詰まった。

労働の有り方と労働観の歴史的変遷については、実に多数の既存研究が存在する。だが、筆者が突き止められた限りにおいて、それらはいずれも判で押したように、古代ギリシャから始まる。

労働という観点から、原始と古代エジプトに切り込んだ研究者は、誰もいないのだろうか。恐らく、そんなことはないのだろう。だが、今回の探索の中では、筆者の諸疑問に答えてくれる資料を発掘することができなかった。だからこそ、ここを追求する価値があるのだと思うのだが、こんな未知の世界に踏み込んでいたのでは、三つ目小僧の発見の旅はどこに向かって打ち進んでしまうか解らない。

願わくば、改めての機会があることを期待しつつ、ここは、古代ギリシャから始まる先行諸研究を手掛かりに、この旅のタイムトラベル部分を進めていくこととしたい。

思えば、労働の歴史的研究が古代ギリシャから始まるのには、それなりの理由があるとも思われる。それは、西欧的な労働観が花開いていく原点がそこにあるからだ。

そして、西欧的な労働観は、中世から近代への時代の変遷の中で様々な変貌や変質を遂げながら、現代の労働の有り方と労働観へと流れ込んでいく。古代ギリシャを出発点とすることなくして、今日的労働観を語れず。これが、この研究分野の基準認識になっている。そのように推察される。

本当にそうか。古代エジプト以前と古代ギリシャ以降との間には、労働という切り口で見た時、それほど決定的な断層があるのか。そこは気になる。だが、ここは改めて「またの機会に期待」と自分に言い聞かせる。

労働の労は「労苦」の労

というわけで、三つ目小僧が乗るタイムマシーンは、まずは、古代ギリシャの労働の世界に降り立つ。それはどんな世界か。

まず見定めておかなければいけないのが、そもそも古代ギリシャ時代とは、いつからいつまでを言うのかということだ。歴史探訪においては、常に、この「いつからいつまで問題」が悩ましい。古い時代になればなるほど、その起点と終点について諸説が並び立つ。古代ギリシャについても御多分に漏れないが、最も長くとれば、いわゆるエーゲ文明が誕生した紀元前3000~紀元前2500年頃を起点として、古代ローマの配下に落ちた紀元前100年前後まで、というのがコンセンサスのようだ。

ただし、ポリス社会が台頭した紀元前800年頃からを古代ギリシャ時代とみなす、短めバージョンの考え方もある。古代ギリシャを象徴するのが、何と言ってもポリスのイメージだ。その意味で、この説は我々にとって受け入れやすい。さらに本書の関心との関係で言えば、古代ギリシャにおいて人はなぜ働くのかということが問われ、それに対して一定の方向感を持つ考え方が定着したのが、ポリス社会の形成・発展過程においてだったとみられる。多くの既存研究がそのように示唆しているから、そのガイダンスに従っておいていいだろう。三つ目小僧も短めバージョンで行く。

さて、厄介な「いつからいつまで問題」をひとまずクリアしたところで、ポリスの住人たちが、どんな感性のもとに労働に携わっていたかを見ていこう。

手短に答えてしまうなら、「彼らは労働に携わっていなかった」ということになる。彼らにとって、端的に言えば、労働の労は「労苦」の労だった。まともな人間なら、できるだけ避けて通るべきものが労働。それがポリス社会の常識だった。

この時代を象徴する偉大な哲学者たちの多くが、労働を避けるべき「苦」という観点から語っているのである。ソクラテスもプラトンもアリストテレスも、労働に携わることは知的探求の妨げになるから、回避しなければならないと言っている。

魂の自由と徳ある生き方を保持するためには、労働の虜《とりこ》になってはならない。古代ギリシャの哲人たちはこのように考えていたのである。

こうなってくると、哲人たちが何をもって労働とみなしていたのかが気になり始める。

皆さん、まずは肉体労働を避けるべき労働の筆頭に挙げられている。だが、一言で肉体労働と言っても、その範囲の設定の仕方は難しい。そもそも、肉体労働が頭脳労働に劣ると一義的に言えるのか。肉体労働に頭脳労働が入り込む余地はないのか。頭脳労働に肉体的負荷が伴わないと言えるのか。

例えばアリストテレス（紀元前384年～紀元前322年）は、建築というテーマについて、建造物の全体像を構想する設計者と、実際の建設作業を行う建築士とを比較して、設計者の方が優れた存在だとしている。これはどんなものだろう。現場で働く職人さんたちは、肉体労働者だと言えば言える。だが、彼らの中には、匠《たくみ》の技術と美学を身につけている人々が数多くいる。さらに言えば、設計者たちは、作業としての建築を知らずにまともな設計ができるのか。

タイムスリップした三つ目小僧としては、哲人の皆さんにこの辺のところについて是非とも迫ってみたいところだ。

この点との関わりで、なかなか面白い各種のエピソードが語り継がれている。例えば、プラトン（紀元前427年～紀元前347年）の場合。

プラトンは、ソクラテス（紀元前470年頃～紀元前399年）のお弟子さんであり、アリストテレスの師匠だ。ギリシャ哲学の系譜の中で、要的な位置づけにある。

その彼は、「手職人の閉ざされた座ったままで動かない生活様式が魂を害し、徳を損なうことになる」と考えていたらしい。魂の有り方と身体的な状況の間には、密接な関係がある。この認識に立った発想だ。健全な魂は、健全な肉体に宿るというわけだ。プラトン先生の言う「手職人」とはどんな職人さんをイメージされていたかは定かでないが、いずれにせよ「座ったままで動かない」と決めつけるのはいかがなものか。それにこれでは、本当に9年間座りっぱなしで悟りを開いた、達磨大師さんの逆鱗に触れそうだ。

とはいえ、プラトン先生の手職人ダメダメ信念は、相当なものだったようである。何しろ、二人の友人が、幾何学の問題を解くに当たって役に立つ装置に頼ったと知るや、激怒してこっぴどく叱り飛ばしたそうだ。手職人が製作した装置などを使ったら、魂が汚れるということだったのだろう。

古代ギリシャきっての科学者、アルキメデス（紀元前287年頃～紀元前212年）についても、労働禁断逸話がある。

アルキメデスと言えば、数学者であり物理学者であり、発明家であり、天文学者だった。哲人たちとは違って、自然科学の世界の人だから、機械器具を否定するとは思えない。ところが、時代が下って帝政ローマ時代に活躍したギリシャ人著述家プリュタルコスによれば、そうでもなかったらしい。プリュタルコスいわく、アルキメデスは、ある時、自分が機械を組み立てたことを大いに恥じた。どんな機械だったのかは不明だが、要は、手職人まがいの仕事をやってしまったことで自己嫌悪に陥ったらしい。

ポリス社会の主役たちは高等遊民集団

ことほど左様に、古代ギリシャの知識人たちは、手仕事を毛嫌いしていた。農業・手工業・賃金労働・商業。肉体を用いて忙しく立ち働く全ての活動を忌《い》み嫌い、敬して遠ざけたのである。なぜなのか。

この疑問に対してすっぱりきっぱり答えてくれる資料には、今のところ出合うことができていない。三つ目小僧のリサーチ不足のなせる業だ。この点を重々反省しながら、さしあたりは推理するしかない。

幸い、そのためのヒントは各種の既存研究の中に見受けられる。それらに基づいて察するに、ポリス社会の労働嫌いは、要は、ポリス社会がポリス社会だったからこそのことだと考えられる。

ポリスは都市国家だ。そして市民社会だ。そこには、専門家集団としての官僚組織や職業軍人たちは存在しなかった。そうした全ての役割を、市民たちが担っていたのである。何らかの形で「職人」であることは、優良市民の資格にもとるのであった。特定分野の専門家になってしまうと、大局観をもって社会秩序の形成と保持に当たれなくなる。ポリスの優良にして主導的立場にある市民たるもの、特定の手仕事や商売に魂をからめ捕られていてはいけない。身も心も自由な状況で、ポリス運営のための知恵を発揮しなければならないのであった。

こうして浮かび上がってくるポリスのリーダーたちのイメージは、要するに、知的覚醒度の高い素人の「暇人」である。物知りで、思考力に長けていて、特定分野に発想や知識が閉じ込められていない。専門職やエキスパートであってはいけない。求められたのは、守備範囲の広い、何でもござれの優れ者アマチュアだったのである。

ここで付記しておくべきことが一つある。

それは、これらの有能素人たちは、裕福でもなければいけなかったということだ。カネとヒマのある優良市民団。それが、ポリス社会の主役たちのプロフィールだったのである。実際に、彼らの多くは「土地所有農民」で、働いて生活費を稼ぎださなければならないような人々ではなかった。生活の心配がないからこそ、余裕をもって社会全体のことについて気配りできる。これが理想のポリス市民像であった。

ここで鋭くも、「おや」と思われる読者がおいでになるかもしれない。なぜなら筆者は、この項の冒頭で、古代ギリシャの知識人は「農業・手工業・賃金労働・商業。肉体を用いて忙しく立ち働く全ての活動を忌み嫌」っていたと書いている。自分たちが土地所有農民なのに、農業も忌み嫌うべき労働の中に入れているって変じゃない？　そう思われるかもしれない。ごもっともだ。

ただ、ここで言う農業は、農作業そのものだ。ポリスの暇人優良市民は、農地を所有してその経営に携わってはいても、農作業はしない。さらには、農業経営に携わると言っても、実際の日々の運営は、恐らくそれこそ、その道のプロに一任していただろう。

このように書き進んでみると、二重写しになってくるのが、イギリスのかつての土地持ち貴族たちのイメージだ。

彼らは紳士の鏡だった。そして、紳士たるものの基本的心得は、万事において素人であることだった。紳士たるもの、何かの玄人《くろうと》になってはいけない。玄人は商売人だ。紳士が商売人になってはいけない。優良イギリス紳士は、万事についてずぶの素人でありながら、その知的覚醒度の高さをもって万事を巧みに処理できる。そうでなければならなかった。優良ポリス市民と全く同じだ。

そして、優良土地持ちイギリス紳士は、自分が所有する農地や山林の日常的な経営を、いわゆる「エージェント」に任せていた。このことから、彼らの歴史上の大先輩であるポリスの優良市民たちも、きっと、日々の農地経営にじかに手を下すことはなかったのだろうと推察する次第だ。大外れでないといいが。

余暇こそわが命

そろそろ、タイムトラベルの次の行程に入るべきところだ。旅立ちの前に、もう2点、古代ギリシャのポリス社会について押さえておくべきポイントがある。

その1つが、優良ポリス市民が持ち合わせているべき「カネとヒマ」に関する点だ。

古代ギリシャ人たちは、余暇をとてつもなく大事にしていた。現に、アリストテレス先生が、「余暇が物事のかなめであり、すべてはそれを中心に回転している」という言葉を残しているくらいだ。余暇こそ「真の活動」だというのが、彼らの認識だったのである。

そして、この真の活動の理想的な有り方が、「観照《かんしょう》」であると考えていた。観照は、観想や瞑想に通じる。静かに物思いにふけること。雑念を排して、深く物事の本質について思いを巡らすこと。それが観照だ。アリストテレス先生は、観照生活こそ、人間として最高の生活の有り方だとも言っている。

優良ポリス市民でありたいと思うなら、労働から自由になり、充分な余暇を手に入れ、その余暇を観照に費やさなければならない。その観照の中から生まれ出る洞察と見識を巧みに言語化し、ポリス社会の秩序維持のために駆使する。それが、究極の優良ポリス市民像だったのである。

ここまで来れば、押さえておくべき2点目は自明だろう。それは、優良ポリス市民がひたすら余暇を満喫し、観照にふけっているばかりなら、その間に誰が労働に携わっていたかということだ。

ポリス社会全体が、霞《かすみ》を食って生きていくことはできない。市民たちが身にまとう衣服は誰が作るのか。ゴミは誰が処理するのか。巨大建造物は誰が建てたのか。神々の彫像は誰が彫ったのか。病人や負傷者の治療は誰がやっていたのか。

答えは2つある。一に奴隷たち。そして二に下層市民である。

特段の技術や技能を要さない肉体労働は、もっぱら奴隷たちの担当だった。それなりに専門性を必要とするモノづくりや商取引、医療、芸術などには、カネもヒマも不足していて、働いて生計を立てることが必要な下層市民が当たった。芸術や医療さえ、優良ポリス市民が避けるべき労働の中に含まれているところが、何とも驚きだ。だが、思えばいずれも手仕事だ。ひたすら余暇を謳歌《おうか》し、観照にふけるという至高のポリス市民像にはやはり反している。

優良ポリス市民たちも、奴隷と下層市民の働きを全く軽んじていたわけではない。彼らの活動が、社会にとって有益であることは認めていた。だが、彼らの役割は、あくまでもポリス社会のいわば土台づくりだと目されていた。

要するに、奴隷と下層市民は、ポリスのインフラ構築要員として位置づけられていたのである。そのインフラの上に立って社会秩序を保持する役割は、カネとヒマのある者たちが担わなければならない。労働から完全に自由な者たちにしか、この役割は果たせない。そのための深い見識と巧みな話術は、観照の中で形成される。これが当時の権力者たちの論理であった。

この徹底した「不労の勧め」を、我々はどう受け止めるべきか。

確かに、重要な意思決定を担う人々は、日々の労苦から解放されていることが望ましいという考え方には一理ある。

だが、それらの人々が全く何もせず、労苦の全てを他の人々に丸投げするという構図は、何とも凄まじい。優良ポリス市民たちは、この構図にふと不安を覚えることはなかったのか。奴隷と下層市民が団結して、ゼネストに出るような事態を恐れる心理はなかったのか。ゼネストならまだいいが、反乱を起こすかもしれないとは考えなかったのか。21世紀から、紀元前の世界にタイムスリップ中の三つ目小僧としては、どうしてもこのようなことを考えてしまう。

ひょっとすると、実際に勇気ある奴隷たちや追い詰められた下層市民の中から、反乱の蠢《うごめ》きが沸き上がる場面もあったかもしれない。だが、それがポリス社会の秩序を大きく揺さぶるに至らなかったことは、歴史が示している通りだ。

さて、この辺りで、ポリス社会の高等不労市民たち、そして彼らの足場づくりを担わされていた奴隷と下層市民たちにひとまず別れを告げよう。これから先の旅の過程で、また彼らに思いを馳せることもあるだろう。また会う日まで、いったん、さらば。

2　初代教会から中世そして近代へ

さらば、余暇こそ我が命

古代ギリシャのポリス社会に別れを告げた三つ目小僧の次の着地点は、初代キリスト教会の世界だ。

この「初代キリスト教会」という言葉には、似て非なる類似用語がある。初期キリスト教会・初期キリスト教・原始キリスト教などである。本書が学術書なのであれば、厳密な用語選びが求められる。用語の選択によって「いつからいつまで」問題への解答も変わってくる。だが、これは三つ目小僧の旅行記なので、学術的厳密性は免除、ということでご理解を得たい。ここで言う初代キリスト教会の世界は、イエス・キリストの死後から、概ね紀元4世紀まで、というイメージだ。帝政ローマ時代の初期と重なる時期である。

なぜ、初代キリスト教会に目を向けるのか。理由は2つある。1つは、初代キリスト教会の活動が広がる中で、古代ギリシャ的な労働観から次第に遠ざかる流れが形成されたからである。２つ目の理由は筆者のこだわりだ。何にどうこだわっているのかについては、後述する。乞う、ご期待。

イエスの弟子たちが各地で布教をしていくに従って、彼らの労働との向き合い方も、新たに信徒となる人々の中に浸透していった。使徒たちの行動範囲は広かった。イエスの十字架上の死からわずか20年から30年ほどの間に、彼らは、自分たちの活動拠点であるパレスチナから数千キロも離れた、ローマにまで到達している。地中海沿岸の主要な都市で信徒を増やして、キリスト教的共同体を根づかせた。こうして形成されていったのが、初代キリスト教会だ。

この初代教会形成プロセスの最高の立役者は、何といっても使徒聖パウロである。当初、彼はキリスト教徒の迫害者だった。それが神の啓示を得て、一転して熱血のキリスト教伝道者となった。

中東から欧州に広がる広範な布教の旅の行く先々で、精力的に教会を開いた。そして、その地を離れてからは、新たな教会構成員たちにたくさんの手紙を書いた。新米信徒たちの信仰が揺らがないよう、変な方向に行ってしまわないよう、メンテナンスに力を入れたのである。こうして出来上がった聖パウロの書簡集は、新約聖書の中でとても重要な位置を占めている。

それらの書簡の中で、聖パウロは、キリスト者としての労働の有り方についても語っている。決して言及が多いわけではない。そもそも、彼の役割は布教であり、信者たちの霊的導きであって、仕事の仕方や生活管理についてお説教することではなかったのであるから、これは当然だ。だがそれでも、労働が、彼の中でどのような位置づけにあったかを知ることはできる。

例えば、彼がテサロニケという都市の信徒たちに宛てた手紙の中に、次の一節がある。

〈あなたがたのもとにいたとき、わたしたちは、「働きたくない者は、食べてはならない」と命じていました〉（『テサロニケの信徒への手紙二』新共同訳3・10）

すぐお解り頂けるだろう。そう。あの「働かざる者食うべからず」の原典がここにある。古代ギリシャの優良ポリス市民の認識とは、まるで違う。テサロニケの信徒への手紙の中には、次の一節もある。

〈そして、わたしたちが命じておいたように、落ち着いた生活をし、自分の仕事に励み、自分の手で働くように努めなさい〉

（『テサロニケの信徒への手紙一』新共同訳4・11）

ご覧の通り、敢《あ》えて「自分の手で働くように努めなさい」と言っている。優良ポリス市民たちが最も忌み嫌った「手仕事」を、特筆してその大切さを説いているのである。思えば、テサロニケは当時のギリシャの都市だった。ポリス社会の一角を形成していたのである。その住人たちには「余暇こそ我が命」主義が浸透していてもおかしくない。

これに対して初代教会は、労働を重んじた。きちんと働き、応分《おうぶん》の収入を得て生活の糧とするように説いている。これは、旧約聖書、すなわちユダヤ教時代からの伝統だ。この考え方に照らせば、「余暇こそわが命」は怠惰の勧めだ。前出の「働きたくない者は、食べてはならない」のくだりを含む手紙の冒頭には、次の文言が連なっている。

〈兄弟たち、わたしたちは、わたしたちの主イエス・キリストの名によって命じます。怠惰な生活をして、わたしたちから受けた教えに従わないでいるすべての兄弟を避けなさい。あなたがた自身、わたしたちにどのように倣《なら》えばよいか、よく知っています。わたしたちは、そちらにいたとき、怠惰な生活をしませんでした〉

(『テサロニケの信徒への手紙二』新共同訳3・6〜7)

そして、「『働きたくない者は、食べてはならない』と命じていました」に続いては、次のように書かれている。

〈ところが、聞くところによると、あなたがたの中には怠惰な生活をし、少しも働かず、余計なことをしている者がいるということです〉

(『テサロニケの信徒への手紙二』新共同訳3・11)

世の終わりに惑わされることなかれ

ここで言われている「余計なこと」が気になる。ひょっとして、優良ポリス市民たちが究極の「真の活動」としていた、観照だろうか。そうかもしれない。

それというのも、当時のテサロニケ教会には少々特殊な事情があった。

新米信者たちが、この世の終わりが近く、その時イエスが再臨し、自分たちも復活の恩恵にあずかるのだと思い込んでしまったのである。それも無理はないと思う面がある。何しろ、パウロをはじめとする使徒たちの布教の中で、この世の終末とイエスの再臨に備えよと教えられていたからである。

ただ、そこに2つの誤解が生じた。誤解その1が、すぐにでも世の終わりが来るという理解だ。誤解その2が、「備える」ということの受け止め方だった。

世の終わりが近いという切迫感から、テサロニケの信徒たちは宗教的興奮状態に襲われた。夢うつつというか、ハイテンションというか、心ここにあらず状態になってしまったのである。究極の非日常感にどっぷり浸かる中で、彼らは日常的な仕事が手につかなくなった。ひたすら再臨の日に思いを馳せて、ぼーっと過ごすようになってしまった。まさに「余暇こそわが命」的な状態に陥ったのである。

テサロニケの信徒たちは様々な職業に就いていた。決してポリス的高等遊民ではなかった。だから、「観照」という言葉を知っていたかどうかは疑わしい。だが、実際問題として、実に変な心理状態に見舞われて、変な行動を取るようになっていた。

パウロの「落ち着いた生活をし、自分の仕事に励み、自分の手で働くように努めなさい」という言い方は、彼らをこの精神錯乱状態から解き放つための呼びかけだった面がある。それはそれとして、いずれにせよ、パウロの言葉の中には、まじめに落ち着いて穏やかに仕事をこなしていくという姿が、職業人としてのキリスト者にふさわしいという認識が滲み出ている。

そもそも、パウロ自身が手に職を持つ労働者だった。その職が何であったかをご本人は語っていない。だが、パウロの書簡集と同様、新約聖書の重要な一角を占める『使徒言行録』の中には、彼が「テント造り」職人だったと記述されている。

さらにいえば、イエス・キリストご自身が大工さんだった。少なくとも、お父さんの聖ヨゼフはそうだった。イエスご本人が、実際にどこまで大工仕事に携わったかは必ずしも定かではないが、成人して布教デビューされるまでは、聖ヨゼフとともに仕事をされていたと考えてよさそうだ。

テント造りにも大工職にも、派手さはない。地道な職業だ。その全てが手仕事だ。このような道を歩んだイエスとその弟子たちは、建築士より設計者の方が優れ者だと論じたアリストテレスとは、明らかに発想が異なっていたと考えていいだろう。

労働は労苦で、極力回避すべきものだという思想も、初代キリスト教会において全く払拭されたわけではないようだ。既存研究の中にそのような指摘が散見される。確かに、全く払拭されていなかったからこそ、テサロニケの信徒たちが、終末の予感から労働放棄状態に陥りもしたのだろう。

だが、パウロの言葉は、労苦であろうと何であろうと、律儀に仕事をこなす職人の落ち着いた心持ちを、キリスト者の揺るぎなき穏やかな信仰の有り方と重ねている風情に満ちている。

初代教会は共産主義的で、共産主義は初代教会的

さて、ここからは初代キリスト教会を取り上げる第2の理由、すなわち筆者のこだわり問題に進みたい。この筆者のこだわりを共有して頂くために、ある小説からの引用文をご覧頂きたく思う。小説の題名は〝Three Act Tragedy〟（邦題『三幕の悲劇』）。作者は言

わずと知れた推理小説の大女王、アガサ・クリスティ様だ。少々長めの引用になって恐縮ながら、次の通りだ（翻訳筆者）。

〈私、実はキリスト教を信じてるんですよ。ただし、母みたいに小さな祈祷書《きとうしょ》を持って早朝礼拝に行ったりするという感じじゃない。知的認識として、史実として受け止めているということなんです。教会はだめ。パウロ的伝統でガチガチに固まっちゃって、無茶苦茶。でも、キリスト教的信仰そのものはいいと思う。だから、私はオリバーみたいに共産主義者にはなれないの。2つの理念を実行に移せば、結構似てる。みんな一緒で、所有権は共同とか。でもどこが違うかと言えば……。ま、それはやめとくわ〉

語り手は、「エッグ」のあだ名で知られるいいとこのお嬢様。彼女が言う「オリバー」は、彼女のボーイフレンドである。聞き手は、高年紳士のミスター・サタスウェイトだ。

エッグ譲がこの宣言を発した時、彼女の念頭には、前出『使徒言行録』の、次の一節があったに違いないと思われる。

〈信者たちは皆一つになって、すべての物を共有にし、財産や持ち物を売り、おのおのの必要に応じて、皆がそれを分け合った〉（『使徒言行録』新共同訳2・44～45）

さらには、彼女がとっても革新的な勉強家だったとすれば、同時に『ゴータ綱領批判』を思い浮かべていたかもしれない。『ゴータ綱領批判』はカール・マルクスの著作で、その中には、共産主義がその最も高次の段階に到達した時、そこでは、誰もが「能力に応じて働き、必要に応じて受け取る」ことになると書かれている。

こうして見れば、確かに初代キリスト教会の共同体としての有り方と、マルクスが描いた最終段階に達した共産主義社会の有り方は、エッグ譲が言う通り、「結構似てる」。これが筆者のこだわりポイントだ。

初代教会は共産主義的で、共産主義は初代教会的なのである。

このことを、筆者はなかなか喜ばしいと思う。そして、これはさほど不思議なことではないとも思う。

なぜなら、初代教会の信徒たちは、イエスの教えに忠実であろうとしていた。イエスの教えは神の啓示だ。そこには、人間が最も幸せになれる共同体の構図がある。そうでなければ、それが天から示されることはない。

マルクス先生もまた、人間が最も幸せになれる共同体の姿を追求する中で、共産主義社会の構図に行き着いたのである。

こうしてみれば、初代教会における働く人々の姿と、共産主義社会の最終形における働く人々の姿が、「結構似てる」のは、むしろ「結構当然」だと考えられる。

だが、「結構似てる」からと言って、エッグ譲は共産主義者には転向できない。それをすると、自分が善《よ》しとしているキリスト教の本質を否定することになるからだ。この感覚は健全だ。この健全な感覚に則って、彼女がオリバーとの幸せをつかむことができるか否かは、ネタバレになるので明かすことができない。

それはともかく、この初代教会が共産主義的であり、共産主義が初代キリスト教的であるというところに、21世紀の労働を、21世紀の資本と政治の魔の手から救出するための、一つの手掛かりがあるように思えるのである。

これが筆者のこだわりの核心部分だという気がしてきた。だから、是非、初代キリスト教会に目を向けて、皆さんと意識共有させて頂きたかったのである。

中世の主役は修道会だった

初代キリスト教会の時代の次に来るのが、中世である。ざっくり4～5世紀から14～16世紀の時期だ。

中世を英語で言えばthe Middle Agesだが、別名、the Dark Agesとも言う。暗黒時代である。息詰まる階級階層社会が根を下ろし、それがもたらす閉塞感で、人間の創造性や芸術的感性が窒息死してしまった。中世とはそんな時代であり、その閉鎖性から人々の魂を解放したのが、14世紀から始まったルネサンスと、16世紀の宗教改革だ。これが従来の定説だった。

だが、近年はthe Dark Agesもそれほど真っ暗ではなかったとも言われるようになっている。ルネサンス的な動きは、もっと早い時期から各地で始動していたという説である。この解釈の方が現実的なのかもしれないが、この辺に立ち入っていくと、旅の本筋からはずれる。ただ、ルネサンスの真髄は、もっぱら、古代ギリシャ・ローマ文化を復興し、その精神に回帰するというところにあったと言われる。そうだとすれば、ルネサンスによって幕を開けた近代においては、初代キリスト教会によって否定された「余暇こそわが命」が労働観として大復活を遂げたということか。今から中世の世界に踏み込もうという時に、この疑問を提示するのは先走りだ。だが、脳内付箋を立てておくべき点ではある。

さて、そこで中世である。

この時代における労働の位置づけは、多分に修道院におけるライフスタイルに影響を受けたものだった。

修道院体制は、初代教会の発展過程の中から生まれた。修道士たちが一つ屋根の下で共に生活し、共に働き、共に祈る組織体である。そこにあるのは、自給自足の世界であった。「聖ベネディクト戒律」を取りまとめて、修道院体制を確立した聖ベネディクトが開設したモンテ・カッシーノ修道院には、農地があり、ワイン畑があり、物づくりの手仕事のための作業場があった。

自給自足環境の中で、修道士たちは額に汗して働いた。労働の中に祈りがあった。祈ることが働くことに意味を与えた。彼らにとって、「人はなぜ働くのか」という問いかけに対する答えは、「よりよく祈れるようになるために」だったと言えるだろう。労働と祈りの交点に、彼らにとっての神との出会いがあったのだと思われる。

もっとも、祈りと労働のバランスについては、修道会によって様々だったようである。あの人は働いてばかりいて祈りや観想を怠っている。あの人は観想ばかりしていて皆のために働いていない。一つの修道院の中でも、そんな非難の応酬があったかもしれない。

ここでふと思い浮かぶのが、新約聖書の中に出てくるマルタとマリアのお話だ。イエスが訪れた家に、マルタとマリアの姉妹がいる。マルタはお出で下さったイエスのおもてなしに余念がない。一方で、マリアは何もせずイエスの教えに聴き入っている。怒るマルタが、イエスに、マリアにも手伝うようおっしゃって下さいと言う。それに対して、イエスは次のようにお答えになる。

〈必要なことはただ一つだけである。マリアは良い方を選んだ。それを取り上げてはならない〉

（『ルカによる福音書』新共同訳10・42）

このエピソードは、今日の信者たちの中でも常に論争の種となる。これではマルタがかわいそう過ぎるという意見は多い。「あなたはマルタ派？　マリア派？」などという掛け合いもよくある。なかなか難しいところだ。

多分、勘所《かんどころ》は、「必要なこと」というイエスのお言葉なのだろう。今、必要なことは何なのか。今は、立ち働くべき時か。教えに耳を傾けるべき時か。答えは、やっぱりただ一つだ。神のみ言葉が発せられている時は、それに聴き入るべき時だ。おもてなしは後回しでもいい。

今は労働の時か、祈りの時か。修道士たちにも、この見極めが問われるところだったはずである。折々の、今「必要なこと」について、中世の修道会たちはそれぞれ独自の考え方を持っていただろう。何を自分たちのミッションとして位置づけていたかによっても、判断は異なっていたものと思われる。

ちなみに、今日存在する様々なカトリック修道会にも、それぞれが使命として掲げているものがある。筆者はカトリック渋谷教会に所属している。この教会を運営しているドミニコ会は、説教会だ。だから、ミサの中で行われるお説教が長い。信者の忍耐力が問われる。フランシスコ会は清貧の会。イエズス会は教育がミッションだ。

余談ながら、我が母方の家は二代にわたってイエズス会所属で、ドイツ人の神父様とお付き合いさせて頂いていた。亡くなって久しいが、実に素敵な方だった。キリシタン大名の高山右近《たかやまうこん》の研究者としても知られる。

ある時、この神父様との間で、「援助姉妹会」（現・援助修道会）という女子修道会が話題になった。すると、神父様いわく、「あの修道会は援助姉妹会ではありません。神父の人使いが荒いし、当たりがキツイから、援助しない会です」。穏やかに品よく飛ばされたジョークの切れ味が凄かった。

次第に息苦しく重苦しく堅苦しく

脱線してしまった。軌道を元に戻そう。

中世の修道会において確立された、望ましい有り方としての勤労の位置づけは、やがて、俗世にも浸透することになった。修道士たちに倣って、人々は森林を切り拓いて農地をつくり、農作物を育てた。物づくりに勤しみ、その成果物を取引するようになっていった。

初代キリスト教会の跡を引き継いだ修道会をお手本として、中世社会と「余暇こそわが命」との決別が、決定的なものとなったのである。

以来、労働、それも手の労働は、万人の社会的義務だという認識が根を下ろしていくのであった。「余暇こそわが命」に取って代わって、「手仕事こそわが命」が時代の潮流を形成するようになった。

ただし、この場合の手仕事は、あくまでも祈る姿勢に裏打ちされていなければならなかった。修道院の合言葉であった「祈りかつ働け」が社会一般の認識としても定着したのである。祈りに裏づけられた労働を通じて、より徳の高い自己を完成する。それを目指すことが、良き中世市民に求められる姿勢であった。地味に地道に、手仕事に励む。祈りながら。フランシスコ会の清貧の理念に通じるイメージだ。

何しろ、中世ヨーロッパの世界は教会の権威が絶大で、社会の隅々までその影響が行き渡っていたから、修道院的有り方が丸ごと俗世の有り方も包み込んだのである。清貧は素晴らしい――。だが、深い信仰に根ざして祈りかつ働く修道士さんたちはともかく、俗世の庶民にとって、常にどこを向いても修道院的規律が迫ってくる日々は、かなり息苦しいものだったと思われてしまう。

初代教会の時代、そこにあったのは、キリスト教精神を寄る辺《よべ》とする共同体だった。布教に励む使徒たちの熱意。新しい教えに胸を弾ませる、成り立てほやほやの信徒たち。彼らが集う共同体が醸し出す雰囲気は、どこかお祭り的でワクワク感があったのではないか。創業間もないスタートアップ企業的なものもあったかもしれない。これが、身を粉にして布教に傾注し、各地の教会員たちにお手紙を書きまくってお出でだった聖パウロの耳に入ったら、殴られそうな言い方ではある。だが、どうも、そのように思える。

それに対して、中世の修道院世界からはお祭り気分は伝わってこない。組織体制が整い、上下関係も固まっていく。そこには権威主義の影が漂い始め、次第に色濃くなっていく。このような修道院の空気がそのまま俗世に染み出してくるとなれば、やはり、そこにはかなりの息苦しさが伴ったことだろう。

こうしてみれば、やっぱり中世はdark agesだったかなと思えてくる。息苦しく重苦しく堅苦しい。この空気感の中で、人々の創造性が封じ込められていく。この状態から人々を解放せんとして、ルネサンス運動が巻き起こったというのが歴史的経緯だというわけだ。ただし、前述の通り、実際にはこれほど単線的な展開ではなかったようである。

それはそれとして、ルネサンスと言えば、これまた前述の通り、もっぱら古代ギリシャ・ローマ的精神性への回帰を唱えたところに軸心があるというのが定説だ。

この定説に異論を唱える必要はない。異論に正当性もないと思う。

ただ、もう一つ別の側面があるように思う。そう思う根拠は、聖トマス・モアの著作、かの『ユートピア』の中にある。

聖トマス・モア（１４７８年~１５３５年）は、ヘンリー八世時代の英国において、宮廷の重鎮だった。それにもかかわらず、カトリック教会から離脱して国王を頂点とする英国国教会を創設しようとするヘンリー八世の目論見に果敢に反対し、斬首《ざんしゅ》の刑に処せられた。聖人の称号を冠されているのは、この殉教死のためである。

彼の空想国家小説である『ユートピア』の中で語られている世界は、多分に初代キリスト教会的であり、したがって多分に共産主義的である。

そして聖トマスは、ルネサンスを代表する知の巨人だ。ということは、ルネサンスの動きが追求していた狙いの一つは、キリスト教を修道院的権威主義から解放することであり、初代教会的共同体への回帰だった、と考えてよさそうである。

かくして、中世的閉塞感から人間を解き放とうとする気運が高まる中で、中世から近代への時代の移行が進展することになる。

その中で、労働の有り方はどう変わったか。それを次に見ることとしたい。

職人から労働者へ

ルネサンスと宗教改革によって中世が最終幕を迎え、15～16世紀から「近代」という時代のカーテンが上がり始めた。

18世紀に入ると、ルネサンスの流れを汲む啓蒙思想が広がった。

その知的刺激を受けて、フランス革命をはじめとする市民革命の時代が到来した。

その後を追うようにして始まったのが産業革命だった。そして19世紀を迎える。

ここまでが近代だ。20世紀の幕開けとともに、世は現代に踏み込む。

中世の最終幕すなわち近代の黎明期から、市民革命までの時期が「近代前期」、そこから先が「近代後期」、ざっくり言えばこんなイメージかと思う。

近代前期を、近世と呼ぶ区分の仕方もあるようだ。近代前期は、まだ中世的なものが尾を引いていた。その引力を振り払いつつ、啓蒙思想という知の革命に向かって、一歩また一歩と突き進む。それが、近代前期社会の姿だったと言えるだろう。

その過程で、「天職」とか「召命《しょうめい》」という言葉が、労働について使われるようになる。これらの言葉は、本来、いずれも神から召し出されて聖職につくことについて使われるものだ。だが、宗教改革が進む中で、聖職者ではない一般人の仕事についても適用されるようになった。

教会の権威や形式主義に従わなくても、自分の仕事を天から与えられたものと受け止め、ひたすら精進すれば、そこに神様に直結するダイレクトラインが形成される。さらば、教条主義者たち。こんにちは、天の御父。このご存じ「プロテスタンティズムの精神」が、人々の労働観を徐々に変えていく。これが近代前期のプロセスだった。

近代後期に入ると、知の革命が生み出した新たな市民社会が出現し、経済活動の有り方にも革命的な変化が生じることになる。

それが産業革命だ。ここで、人々の労働の有り方もラジカルな変貌に向かうことになる。働く場所も働き方も一変したのである。

前述の通り、初代キリスト教会の主役・聖パウロは、手仕事の価値を強調した。それを受けて、中世の修道院においても、手仕事が、祈りとともに重要な日課となった。やがて俗世においても、手仕事に励むことが、人々の社会的義務とみなされるようになった。

そして、人々によるこの手仕事の現場は、基本的に、彼らの住まいでもあった。テレワークが増えた今、我々はまたあの時代に戻っているわけだ。聖パウロは旅する手仕事師だったから、テント造りの作業もあまり自宅ではやらなかったかもしれない。だが、布教先では、やはり誰かの軒先を借りてお仕事をされたのだろう。修道院の作業現場も、修道院の構内にあった。近代前期においても、この構図は基本的に大きく変わらなかった。

つまり近代前期は、家内工業の時代だったのである。そして、手仕事に勤《いそ》しむ人々は職人さんたちだった。彼らこそ、元祖フリーランサーたちだったと言ってもいいだろう。

だが、近代後期に入って産業革命が進展すると、人々が働く場所は自宅ではなくなった。

工場というものが出現したから、彼らは自宅から出て、他の人々と一か所に集合して働くことになる。

工場には機械があった。機械を所有しているのが資本家だった。家内工業時代の職人さんたちにとって、自分たちの道具は自分たちのものだった。だが、工場生産体制に組み込まれると、彼らは道具を失った。そして職人ではなくなった。彼らは工場労働者と化したのである。工場労働者はフリーランサーではない。雇われ人である。ここが、「21世紀の資本」と「21世紀の労働」の対峙の構図に向かう、長い旅路の出発点だった。

ちょうどいいところに到達した。

これから21世紀に向かう旅が始まるということになれば、三つ目小僧のタイムスリップの旅はここを終点とすべきだろう。気持ちも新たに、現代へと向かって、三つ目小僧はバック・トゥ・ザ・フューチャーである。

ああそうだった。一言、言い残したことがあった。

中世に踏み込んだところで脳内付箋を立てていた、ルネサンスの古代回帰志向が「余暇こそわが命」の労働観の大復活につながったのか、という点である。

ご覧の通りだ。答えは否である。

勤勉に「天職」に励む職人たちも、工場に集められた労働者たちも、余暇に浸って物思いにふけることを至高の目標とするようなことはなかった。

それどころか、彼らにとって余暇は、労働のための余暇となった。より良く働くために、働き続けることができるために休む。余暇は観照のためならず。骨休めのためなり。そうなった。古代ギリシャのプラトン先生やアルキメデス先生がこれを知ったら、さぞかし、さめざめと涙を流されることだろう。

終章

「21世紀の労働」を呪縛から解き放つために

1　偉大なる二人の先人の労働観

経済学の生みの親と、資本論の生みの親

三つ目小僧は、無事に現代に帰還した。

ただ、まだタイムマシーンから完全に降りてはいない。体半分ほど、タイムマシーンの中に残している。それというのも、21世紀の労働を、21世紀の資本と政治の魔の手から解き放つ作業に本格的に取り組むに当たっては、歴史の力を借りる必要性がまだ残っているからである。

二人の歴史上の偉人たちに助けてもらわなければならない。この二人がどのような労働観を抱いていたかを踏まえることなくして、本書の課題を達成することはできない。

その二人とは誰か。賢明なる皆さんは、もう既にお解りだろう。彼らは、アダム・スミス（1723年〜1790年）と、カール・マルクス（1818年〜1883年）だ。

言うまでもなく、アダム・スミスは経済学の生みの親で、『国富論』の著者。カール・マルクスは共産主義の理論体系の生みの親で、『資本論』の著者である。

本書のここまでの展開の中で、スミス先生には、序章などでチラリとご登場頂いた。マルクス先生には、初代キリスト教会と完成形の共産主義社会との対比というアングルから、第4章で言及させて頂いている。だが、いずれもお二人を本題として取り上げる場面ではなかった。これで終わるわけにはいかない。

スミス先生は、国々の生産体制が、家内工業から工場生産に向かう大きな転換期の前夜に、啓蒙主義者として論陣を張った。

分業という仕事の仕方がもたらす経済社会的効果を分析した。商品の価値の本源的源泉にあるのは、労働だと主張した。その労働の主体である人間には、共感性が備わっていると論じた。他者の喜びを喜び、他者の痛みを痛む。それが共感性だ。そのような感性を持つ人間の営みが労働で、この営みが物の価値を決める。

この論理を引っ下げて、重商主義の古びた権威と功利の追求に、果敢に挑みかかった。それがスミス先生の『国富論』だった。

マルクス先生の『資本論』は、重厚にして精緻で破綻なく、しかしながらというか、むしろ上記の特性が満載であるがゆえに難解だ。一つの命題を、あらゆる角度から徹底的に見透かさなければ、マルクス先生は気が済まない。通常の視点の取り方では同時には見えないはずのものを同時に見ようとする。だから、読み進む方は面食らう。にわかにはついていけない。

だが、心を落ち着け、目を凝らして見据えれば、マルクス先生が示してくれているのは、「展開図」だ。どこで何が何とどうつながっていて、我々の目の前にある立体映像が出来上がっているのか。それを見せてくれているのである。高度な折り紙テクニックが生み出した3次元モデルを、2次元レベルに還元し、解体してフラットに可視化してくれている。

その意味でマルクス先生は、経済学の世界の、ピカソだと思う。ピカソもまた、通常の立体視線では同時には見えないはずのものを同時に見せてしまう。だから、これは何だということになる。だが、そこには抗い難い論理性がある。日本が世界に誇る文学者、大江健三郎の作品も、同様の意味でピカソ的だと思う。文学界のピカソは、経済学世界のピカソをどのように評価しているだろう。

それはさておき『資本論』は、ピカソ的論理の書であると同時に、現状分析の書でもある。マルクス先生は、工場という新しい生産現場で何が起こっているのかを考察した。その現場で雇われ労働者と化した人々の労働が、生産手段を独占所有するようになった資本家たちによって、どのように搾取され、どのように疎外されているのかを明らかにした。

この構図を描き出すに当たって、『資本論』の筆致は、さながら、真相解明願望旺盛な腕利きジャーナリストの潜入ルポのごとしだ。このパートに関する限り、ピカソ的というよりは、ギュスターヴ・カイユボットの絵画『床に鉋《かんな》をかける人々』を思わせる。マルクス先生が描き出してみせる工場労働者たちは、機械に振り回され、機械に労働時間を規定されている。その姿は、チャーリー・チャップリンの映画『モダン・タイムズ』の主人公そのものである。

こんな二人の大先生たちは、それぞれの時代の労働にどのような目を向けていたのか。それを見ていきたい。

スミス先生の労働犠牲説

まずはスミス先生である。

この人の労働観はなかなか厄介だ。一筋縄ではいかない。なぜなら、そこには大いなる二面性があるからだ。思えば、この二面性はマルクス先生にも引き継がれていると言えそうだ。だが、これはまだ後ほどのテーマだ。先走ってはいけない。

スミス先生における労働観の二面性は、一方で「労働犠牲説」の観点を打ち出しながら、その一方で、「労働こそ、全ての商品の真の価値の尺度だ」と言っているところにある。

『国富論』の中でスミス先生が労働を語るに当たって、〝toil and trouble〟（労苦と手間）という表現を使っていることは、よく知られているところだ。この言い方からすれば、古代ギリシャのポリス・エリートたちと同様、スミス先生もまた、労働を願わくは避けるべき苦役だと見なしていたように思われる。しかも先生は、労働者が一定量の労働に携わることは、それに見合って、自分の自由と安楽と幸福を犠牲にすることを意味しているとも言っている。これが労働犠牲説の労働犠牲説と言われるゆえんだ。

こうして見れば、どうしてもスミス先生は相当の労働嫌いだったと結論づけたくなる。

ところが、一方で先生は、「労働価値説」の創始者だ。既述の通り、この論理の下に、重商主義者たちの金銀財宝至上主義を厳しく糾弾したのである。まるで、水と油がスミス先生の中で渾然一体《こんぜんいったい》になっているようだ。水と油は渾然一体とならないからこそ、水と油であるはずなのに。

実を言えば、様々なテーマについて、スミス先生の中にこの「水と油」問題がある。利他性を至高としたり、利己心に基づく利益追求の中に活力を見出したり。分業を礼賛したと思えば、それが人間疎外につながると指摘したり。政府は小さいことがベストと言っているようでもあり、大きな政府も有用だと主張しているようでもあり。

こういう調子で、歴史を通じてスミス研究家たちを翻弄してきたのがスミス先生なのである。「アダム・スミスの統合理解問題」は、今日もなお、内外の名だたるスミス研究の専門家たちの中で大いに議論されている。

そんなところに筆者などが口を挟むのは僭越極まりない。だが、端的に言ってしまえば、専門家の皆さんが指摘されている通り、それはそういうものなのだろうと思う。

スミス先生のように多才で壮大感一杯の人の思考過程を、一面的・単線的な枠組みの中に封じ込めることができるわけがない。スミス先生もまた、マルクス先生と同様、キュビズム的な視点から世の中の何たるかを俯瞰していたに違いない。

というか、スミス先生がそうだったから、マルクス先生もそうなったという面が多分にあるのではないかと思う。

スミス先生の高賃金論

そもそも、「苦役としての労働」と「価値の本源的源泉としての労働」との間には、さほど、大きな矛盾はないように思える。こんなことを安易に言うと、それこそスミス研究のプロの皆さんの大顰蹙《だいひんしゅく》を買ってしまいそうだ。

だが、スミス先生がおっしゃるように、人々がその自由と安楽と幸福の一端を犠牲にして携わるのが労働なら、それは誠に貴重なものだ。その中に、一人の人間の、自由と安楽と幸福の一握り分が包み込まれているのである。そのような器が貴重でないわけがない。そこには類まれな価値が抱かれている。そう考えていいのではないのか。

こう考えてよさそうだと思わしめるのが、スミス先生の「高賃金論」である。

労働は苦役だと主張して労働を毛嫌いしているようでありながら、スミス先生は、それに携わる者たちには高い賃金が払われるべきだと主張する。

この考え方は一見矛盾しているように見える。だが、そうではない。今回の調査で文献を読み込む中で、筆者は、専門家たちの矛盾否定説に数多く遭遇した。そして、『国富論』に関する数々の新たな発見も頂戴した。こうした専門家たちの主張を読み込めば読み込むほど、どうも労働犠牲説と高賃金論は、「一見」のレベルでも、これまたさして矛盾しているとは思えなくなる。

なぜなら、労働が人間にとって多くの「労苦と手間」を伴うものなのであれば、その「労苦と手間」の重さ・大きさに見合う報酬が働き手たちに支払われて当然だろう。趣味でやっている労働なら、高い賃金を払わなくてもいいかもしれない。

ここで、「かもしれない」という歯切れの悪い言い方をしているのには、第1章で見た例の〝the work is its own reward〟（仕事自体が報酬だ）論に与することになってしまうことを警戒してのことだ。ただ、後述するマルクス先生の労働観の中には、実は多分にこういう側面があるので、ここは悩ましい。だが、ここでこれを言うのは、これまた先走りだ。

趣味で「労苦と手間」の世界に嬉々として踏み込むマゾな人がどれほどいるかは、さておく。ただ、実は結構、そういう方々は多いかもしれない。こうして四苦八苦して原稿を書き連ねている三つ目小僧も、ひょっとしてそうか？　三つ目小僧にとって、この壮絶なチャレンジには、確かに〝the work is its own reward〟の側面がある（版元の皆さんは、これは聞かなかったことにして下さい）。

「さておく」と言ったテーマとの関わりで、何やら変な領域に踏み込んでしまったが、これも、次節に進んでいくための布石の一つだとお考え頂ければ幸いだ。先を急ごう。


多くの「労苦と手間」が投入されている労働に、高い賃金が支払われるのは当然だ。働く人々が、その労苦と手間にふさわしい報酬を得ることには、大いに正当性があると思われる。そして、経済学の生みの親がこれを主張しているところには、21世紀の資本と政治からの「21世紀の労働」レスキュー大作戦との関わりで、極めて重要な示唆がある。このことは、しっかり、頭の中に入れておく必要があるだろう。

いずれにせよ、今日を生きる三つ目小僧にとっては、スミス先生の高賃金論がいたって当たり前の正論だと思われる。

ところが、『国富論』刊行当時においては、そうではなかったのである。スミス先生の高賃金論は、当時の人々にとって実に斬新な主張だった。斬新というよりは、とんでもない発想として受け止められ、物議を醸したのである。

高賃金論にことのほか強く異を唱えたのが、重商主義者たちだった。彼らは、低賃金論者だったのである。

彼らは、本質的に怠け者である労働者たちをしっかり働かせるためには、賃金は低くなければダメだと考えていた。高い賃金を払えば、彼らはその分、サボるに決まっているというわけだ。また、労働者の所得が増えれば、彼らは贅沢品にカネを無駄使いする。すると贅沢品の輸入が増えて、貿易収支が悪化する。高賃金は生産コストを高めて、輸出品の国際競争力を低下させる。これまた貿易収支悪化要因だ。貿易による金銀財宝の確保を至上命題とした重商主義者たちにとって、高賃金は、あらゆる意味で天敵だったのである。

重商主義者たちの中にも、高賃金論のサポーターが全くいなかったわけではない。だが、低賃金論が当時の支配的通念だったことは間違いない。

こんな状況だったからこそ、スミス先生は、高賃金に積極的に反応する新たな労働者像を提示したわけである。

近代的労働者は高賃金を喜び、一段の高賃金化を目指してさらに懸命に働く。すると労働生産性は上がり、国際競争力は低下するどころか、強化されますよ。スミス先生はそう主張した。労働観を前近代から近代へと導く。それが、スミス流高賃金論に込められた先生の思いだったと言えるだろう。

マルクス先生におけるサバイバル労働と自由な労働

さて、そろそろ、マルクス先生にご登場願わなければいけない。

前述の通り、マルクス先生においてもまた、労働の位置づけは複雑だ。というよりは、二段構えになっているといった方がいい。

マルクス先生が描く労働世界には、「必要性の領域」と「自由の領域」がある。「必要性の領域」で行われる労働は、人間が生きていくために携わらなければならない活動だ。要はサバイバルのための労働である。その具体的な内容は、社会環境によって様々だ。原始人と現代人では、サバイバル労働の内容は異なる。だが、必要性に縛られていることに変わりはない。いつの時代にも、どのような社会体制の下でも、このタイプの労働が完全に消えてなくなるわけではない。そのことは、マルクス先生も指摘している。

だが人間は、知恵と連帯を通じて、この必要に迫られて行う労働の領域を小さくしていくことができる。必要性の呪縛の下におかれているこの労働ゾーンを極小化することができれば、そこから先は「自由の領域」だ。やらなければならないからやる労働から、やらなくてもいいけどやりたい労働のゾーンに踏み込むのである。

ここでどうしても考えてしまうのが、人間は働かなくても生きていけるようになっても、やっぱり働くのかという問題だ。

重商主義者たちは働かないと考えた。スミス先生は、賃金が充分に高ければ働くと考えた。現代人たちは、どう考えたらいいか解らない。

ベーシック・インカム制度が導入されて基礎的所得が保証されれば、我々は遊んで暮らすようになるのか。それとも、安心して張り切り、もっと労働に励むようになるのか。我々は解らない。この問いかけに対する解答を探り当てることも、本章の課題だ。

マルクス先生における「人生において最も欲しいもの」としての労働

マルクス先生においてはどうなのか。必要に迫られてやる労働の時間を首尾よく極小化できた時、そのことで得た自由な時間を人間がなおも労働に当てるとすれば、それはなぜなのか。

マルクス先生によれば、それは、労働が人間にとってその「類的本質」だからであるという。人間という「類」において、労働はその本質だというわけだ。つまり、労働に携わらない存在は人類ではないということだ。人間は、労働するからこそ人間なのだというわけだ。何と！

この言い方、「人間は経済活動を営むからこそ人間なのだ」という三つ目小僧の発想に、ひょっとすると、限りなく重なるだろうか。ちょっとドキドキしてきた。だが、拙速《せっそく》はいけない。ドキドキ感をしっかり抱きつつ、一歩ずつ進んで行こう。

マルクス先生のこの「類的本質」という言い方と密接な関係にあるのが、もう一つの先生用語だ。それは、「第一の生命欲求」である。

これが何とも難しい。第一の生命欲求があるなら、第二の生命欲求とは何か。そもそも、生命欲求とは何か。平たく言えば、どうもこれは「人生において最も欲しいもの」と解釈してよさそうである。原典と英語訳を対比したところ、このように理解して大過ないと思われる。こんな風に乱暴に平たくしてしまうと、またまた専門家の皆さんにお叱りを受けそうだが、ひとまず、この理解をベースに考えを進めてみたいと思う。

マルクス先生によれば、人々が必要労働のゾーンを脱してもなお働くのは、その段階で、労働が人間にとって「第一の生命欲求＝人生において最も欲しいもの」になるからである。必要労働のゾーンから脱却するからこそ、労働が最も欲しいものになる。

そしてマルクス先生は、労働と人間のこのような関係は、共産主義社会がその最も高位な次元に達した段階で実現するのだという。このことは、前章に軽やかにご登場頂いたアガサ・クリスティ作品『三幕の悲劇』のヒロイン、エッグ嬢がひょっとしたら読んだかもしれない『ゴータ綱領批判』の中で語られている。

そこには、完成形共産主義社会が到来し、その全ての構成員にとって労働が人生最大の欲求になった時、この社会の旗印には、「各人からはその能力に応じて、各人にはその必要に応じて」という文言が掲げられることになるのだと書かれている。

このように宣言できるようになった時、労働は人間にとって自己目的化し、自己表現と自己実現と自己確証の糧となる。だから、人間はそこに、幸せや安らぎを見出すようになる。かくしてここに、労働は人間にとって最も当然な活動となり、そこには労苦も面倒な手間暇のうっとうしさもなくなる。マルクス先生はそうおっしゃっているのである。


必要労働の領域から解き放たれて自由な労働の領域に入り、完成形の共産主義社会が到来すると、なぜ、労働は人間にとって自己目的化し、喜びの対象となるのか。

それは、このレベルでの労働は、人間にとって「自己対象化」を可能にする活動になるからなのだという。

この考え方は、かのゲオルク・ヴィルヘルム・フリードリヒ・ヘーゲルから、マルクス先生が受け継いだものである。「自己対象化」を、これまた平たく言えば、自分に備わっている潜在的な能力を、何らかの形で顕在化させることだと考えてよさそうだ。

どのように溢れんばかりの才能に恵まれている人でも、その才能を駆使して成果物を生み出さなければ、その力量のほどは検証できない。自分の力量がどれほどのものなのかは、それに形を与えなければ解らない。それを可能にしてくれるのが労働なのだというのが、ヘーゲルからマルクスへと継承された発想なのである。

この論理はとてもよく解る気がする。これまた、専門家に知られたら寒気を覚えられてしまうほどの、軽佻浮薄《けいちょうふはく》なヘーゲル・マルクス理解かもしれない。だが、筆者には、この論理が実にしっくりくる。なぜなら、筆者は文章を書く。そして、文章は書いてみなければ解らない。どれほど、頭の中で完成度の高い仕上がりになっていても、実際に文字にしてみなければ、本当に完成度が高いのかどうかは判明しない。頭の中では概ね書けているから大丈夫、と高《たか》を括《くく》ることは危険極まりない。絵描きさんも職人さんも、そうだろうと推察される。自分の内部にあるものは、外に出してみないとその本当のところは解らない。この外に出す行為を労働と呼ぶなら、それは確かに自己表現であり、自己実現と自己確証の糧となると言えるだろう。

ここでふと思う。古代ギリシャの優良ポリス市民たちの場合はどうだったのだろう。彼らにとって至高の活動は、観照だった。つまり、何もしないのが最も優れた有り方だということだった。手を使わない。手を下さない。ひたすら思いにふけるのみ。ただ、彼らはその観照の結果を、ポリスの政治運営に生かしたのだという。

その意味では、彼らにとってポリス政治の有り方こそが、「対象化された自己」にほかならなかったわけである。彼らはそこに、自己表現と自己実現を見出したのだろうか。そこから、自己に関する確証を得たのだろうか。古代ギリシャの労働観を良しとしたドイツ系ユダヤ人哲学者、ハンナ・アーレントはこの辺りをどう考えていたのだろう。いずれ追求してみたい。

マルクス先生は、21世紀の資本の回し者？

さて、筆者がこのようなやや脱線気味の思いを巡らしている間に、「えっ？ えっ？？」と引っ掛かって苛ついておいでの読者がいらっしゃるかもしれない。自己表現だって？ 自己実現だって？ これではマルクス先生は、まるで現代におけるネット上の就活サポーターの回し者のようではないか。就活サポーターたちをして、人が働くことは自己実現のためなりと言わしめる、21世紀の資本の陰謀。マルクス先生は、この陰謀に直結することを主張しているのではないのか。このように思われて、戸惑いと苛立ちを感じておいでの読者は賢い。

実を言えば、筆者もこの疑問を抱いた。マルクス先生は本当にこういうことを言っているのか。しばし、考え込んだ。だが、考え込んだおかげで重要なことが解った。それは、労働による「自己対象化」が可能となり、したがって労働が人間にとって喜びと安らぎの糧となるには、「然るべき条件が整う必要がある」ということだ。

それがすなわち、完成形の共産主義社会を成り立たせる条件であり、労働が必要性の領域から自由な領域に昇格するための条件だ。条件が整うことの重要性が、マルクス先生のヘーゲル批判の中によく表れている。

マルクス先生は、ヘーゲルの自己対象化の理論そのものを高く評価し、それを受けて自分の論理を発展させている。ただ、マルクス先生によれば、ヘーゲル先生は現実を見ていないという。現実の資本主義社会においては、人々がせっかく、労働によってその潜在能力に形を与えても、そうして得られた成果物は彼らの功績として世に出ることがない。なぜなら、そこに資本家による搾取が介在するからである。労働者が自己対象化したその成果を、資本家が横取りしてしまう。かくして、労働者は自分が生み出した成果との決別を強いられる。つまり、ここに「労働疎外」が発生する。

もっとも、この言い方はあまり正確ではない。なぜならヘーゲル先生は、自分の内なる能力を「自分の外に出す」という意味で、「疎外」を自己対象化の意味でも使っているからだ。そのことを承知した上で、ここでは、敢えて、今日の日常の中での「労働疎外」という言葉の使われ方に沿った書きぶりをとった。

要するにマルクス先生は、労働者が資本主義的搾取から解放されない限り、自由で、喜びで、自己実現の証としての労働は出現しないと言っているわけである。これならマルクス先生は、決して21世紀の資本のお先棒担ぎ《さきぼうかつ》と化すことはない。大丈夫だ。

21世紀の資本と、政治と、就活サイトが、21世紀の労働者をいかに自分たちにとって都合のいい「21世紀の労働像」に封じ込めようとしても、それは上手くいかない。なぜなら、労働の自己対象化が労働者に喜びをもたらし、自己実現感をもたらすには、そのための外的条件が整わなければならない。その外的条件とは、「搾取の排除」だ。搾取の構図を維持するための策動に、21世紀の労働者は決してたぶらかされない。

だからこそ、第1章にご登場願った我が愛しの文献レビュアーたちは、「労働こそ価値」論に、大いなる疑念を投げかけていたのである。

ここで、是非、思い出して頂ければ幸いだ。筆者は本書の序章第1節で、「今日的な時代環境の中で、どうも、人と幸せをつなぎとめる蝶番としての労働の役割が、かつてなく危うくなっているのではないか」「今日的労働は、人と幸せをつなぎとめる蝶番としてはかなりひしゃげた形になってしまっているように見える。むしろ、人を不幸に結節してしまう怖い蝶番と化してしまっているのではないか」と書いていた。

これと、マルクス先生がおっしゃっていることは、基本的に同じことなのではないか。先生は、資本による搾取と労働疎外が、労働者の自己対象化と、彼らの幸せとの出会いを阻《はば》んでいるとおっしゃっている。この先生のお言葉と、「今日的労働環境が、人と幸せをつなぐ蝶番であるはずの労働の姿を歪ませて、人々を不幸にしている」という筆者の考え方は、限りなく二重写しになっている。大僭越を承知の上で、そのように思いたくなる。

よし、ここまで来ればタイムマシーンの中に体半分残した状態は、もういいだろう。

三つ目小僧は、ここでタイムマシーンを降りて21世紀の現実に立ち戻る。そして、旅の最終局面に向かう。いよいよ、ホームストレッチ！

2　ミネルバの梟はどこに向かって飛び立つか

ミネルバの梟が飛び立つ時

「ミネルバの梟は黄昏《たそがれ》時に飛び立つ」。ヘーゲルの言葉だ。

本章前節で既述の通り、マルクス先生の、労働による「自己対象化」論は、ヘーゲル先生から受け継いだものだった。そのヘーゲル先生は、この詩的なフレーズをもって何を語っていたのか。

ミネルバは女神だ。知恵の女神である。ギリシャ神話の中では、アテネの名で知られる。アテネ様は、古代ギリシャ最大のポリスだったアテネの守護神である。「余暇こそわが命」のポリス高等遊民たちも、間違って手仕事などしてしまわないように、アテネ様のご加護をお願いしていたかもしれない。ギリシャ神話がローマ時代に継承される中で、アテネはミネルバになった。

そのミネルバ様の梟は黄昏時に飛び立つのだと、ヘーゲル先生が言っている。本書とミネルバの梟は何かと因縁が深い。そんなミネルバの梟は、なぜ黄昏時に飛び立つのか。

梟はミネルバ様の使者である。知恵の女神が、他の神々や人間に用向きがある時、使者として梟が派遣される。だから、ミネルヴァ書房のロゴマークは梟なのである。ここでいう黄昏時は、ある一つの時代に帳《とばり》が下りる時を指している。時代の黄昏だ。古い時代が黄昏時を迎える時、ミネルバの使者である梟が飛び立つ。

使者は、何を告げるために飛び立つのか。それは新しい時代の到来だ。新しい時代の、新しい知恵の出現を告げ知らせるために飛び立つのである。古い知恵の終焉《しゅうえん》の中に、新しい知恵の芽生えがある。そのことを世に知らしめるために、知恵の女神の使者が飛翔するのである。

今がその時だ。筆者にはそのように思える。

そして、ここで記憶が蘇る。序章の冒頭で、筆者は「今、その時が来た」と書いていた。あの時点で、終章でミネルバの梟にご登場願うことになるとは思ってもみなかった。だが、潜在意識のどこかには、梟さんがさりげなく控えてくれていたのかもしれない。いつでも、飛翔できるよう体勢を整えながら。

今、人はなぜ働くのかということについて、我々は新しい知恵を必要としている。これまでの時代のこれまでの知恵が、どうもしっくりこなくなっている。だからこそ、多くの人々が、自分たちの働き方に疑問を抱くようになっている。働く自分の現状に、不満や不安を感じるようになっている。

だから、労働観というものが歴史的にどんな変遷をたどってきたのかに関心を抱く。各種の「労働もの」の書籍に読みふけり、どのような心持ちや心意気で働くことと向き合うべきなのかを考え込む。その姿には、今にして思えば、どこか、観照にふけるポリス市民のような風情がある。

こんな考察を述べてしまうと、21世紀の労働者たちから、「とんでもない。あいつらヒマとカネに溢れる高等遊民だったじゃないか。我ら、21世紀の労働者は、金銭動機がなかなか満たされない賃金低迷状態に苦しんでいる。カネがないからヒマがない。必要性の労働の領域にどっぷり浸り込んでいる。観照なんぞ、できるわけがないだろう」と罵倒されそうだ。だが、そうは言っても、彼らの労働読書熱はとどまるところを知らない。そのことが、「レビューのレビュー」の中で身に染みた。

筆者が序章の段階で「今、その時が来た」と書いた時、潜在意識の中にいる梟さんの羽音が通奏低音のように聞こえていたのかもしれない。梟さんはどこに向かって飛び立っていくのか。知恵の女神は、梟さんに、我々に対するどんなメッセージを託したのか。梟さんの羽音が強まっている。いよいよ、飛翔だ。その感じが伝わってくる。

ひとたび、梟さんが飛び立ったら、その行方を見失ってはいけない。置いてきぼりにされては大変だ。しっかり着いていこう。

三つ目小僧、ミネルバの梟の追跡準備に取り掛かる

梟さんに置いてきぼりを食わないためには、足腰がしっかりしていなければならない。眼もよく見えていなければならない。このような条件をクリアするためには、まず今、自分の状態がどうなっているのかをしっかり見極めておく必要がある。

梟さんの跡を追う三つ目小僧には、今、何が見えているのか。何が解ってきたのか。三つ目小僧は、今どこにいるのか。これらのことを把握するためには、三つ目小僧の旅がこ

こまでたどってきた道のりを振り返っておく必要がある。

旅の初めの一歩だった第1章では、今日の日本における「人はなぜ働くのか」論ブームに着目した。

そこではまず、「労働本」を熱心に読み込む読者たちが、今どきはやりの労働観に対して、強い疑念と拒否反応を示していることが解った。今どきはやりの労働観によれば、労働の中に自己実現があり、自己発見があり、社会貢献があり、承認欲求が満たされる喜びがある。だからこそ、労働こそ至高の生きがいなのだという。

この労働礼賛論に対して、読者たちはいたって懐疑的だった。我々は生活のために働いている。たとえそこに生きがいなどなくても、やっぱり働かなくてはならない。21世紀の読書熱心な労働者たちは、承認欲求に時にくすぐられ、時に脅かされながら、「やりがい詐欺」と闘っている。

これに対して、これから21世紀の労働者として本格稼働しようとしている若者たちへの就活支援サイトの運営者たちは、若者たちに、生きがいとしての労働論を徹底的に刷り込もうとしている。若者たちの就職動機の中で、金銭動機が大きな位置を占めていることを承知しながら、「それでホントにいいの?」「カネさえ稼げればいいの?」とささやきかける。採用面接でカネの話はしない方がいいですよ、とアドバイスしている。

この認識落差は何なのか。第2章でそれを考えた。

その結果、「労働本」を熱心に読み込む読者たちと、就活サイトのギャップは、視点の違いに由来していることが判明した。

読者たちは、実際に21世紀の労働現場で働く人々の視点に立っている。

これに対して就活サイトたちは、21世紀の資本の側に立っている。21世紀の資本が、どのような21世紀の労働を欲しがっているのか。どのような労働観を、21世紀の労働者たちに刷り込みたがっているのか。それをしっかり受け止めて、若者たちを、21世紀の資本に気に入られる21世紀の労働者に仕立ててあげようとしているのであった。

これらの怖い発見を踏まえつつ、旅の次の行程となった第3章では、21世紀の労働者たちが実際に働いている現場に着目した。

その中で、フリーランスという一つのキーワードが浮上した。この言葉もまた、今どきはやりの労働観に大いに関連していた。

そして、この言葉が市民権を得るに当たっては、安倍政権下の「働き方改革」が強く影響を及ぼしていたことを改めて確認した。彼らによる「柔軟で多様な働き方」のプロモーション、その具体的な形態としての「フリーランス化の勧め」が、21世紀の労働者たちを「自由な槍」となる方向に誘った。

ところが自由な槍の世界に、実は自由はなかった。あるのは、低収入だから辞めようにも辞められない、稼ぎが少ないからよりたくさん働かなければいけない、という過労地獄の世界であった。

三つ目小僧、タイムスリップ発見記を振り返る

旅の次のステップの第4章で、三つ目小僧は、タイムマシーンに乗り込んだ。古代ギリシャのポリスの世界に遡り、現代にいたる労働観と労働の有り方の変遷を見た。ポリスの高等遊民たちは、労働を、「労苦」としてしか見ていなかった。労働から遠ざかれば遠ざかるほど、人間は人間として次元が高くなる。そう考えていた。

この発想は、初代キリスト教会の出現とともに大きく修正された。初代キリスト教会という共同体においては、手仕事を律儀にこなし、その果実を分かち合い、この分かち合いに喜びを見出し、この喜びを神に捧げる人々が寄り添い合った。

初代キリスト教会の有り方を制度化し、組織化し、様式化したのが、中世の修道院だった。そこには、深い信仰の世界があり、祈りと労働の直結性が高まった。ただ、初代キリスト教会の手づくり感と共生感は、次第に後景に退き、位階制が根を下ろした。

俗世の労働の有り方も、この修道院的ライフスタイルに多分に影響を受けた。教会の権威が絶大化する中で、どのような職業なら教会のお墨付きを得られ、どのような働き方が是とされるかが、生活の枠組みとして人々に重くのしかかるようになった。

近年の研究によれば、中世は常々言われてきたほどの暗黒時代ではなかったようだ。だが、それにしても、一定の閉塞感が充満していたことは否定できないだろう。

この重苦しさを払いのけるべく、湧き上がったのがルネサンス運動だった。そして宗教改革が続いた。

人々は教会の権威のくびきから解放され、天職として、召命としての労働に携わる。天職に励めば、教会のお墨付きがなくても、天の御父との間にダイレクトラインが形成される。ルネサンスから宗教改革へと進む展開が、この「プロテスタントの倫理」を生み出した。ここが、時代が中世から近代へと移るための足固めの場面だった。

近代は、啓蒙思想という知の革命で幕を開け、市民革命へと進んだ。

その中で、労働は誇り高き職人芸の世界に踏み入れた。家内工業の時代が到来したのである。それこそ、天職に励む彼らは、本物で筋金入りのフリーランサーだったと言えるだろう。やりたい仕事をやる。やりたくない仕事はやらない。独立独歩。

だが、産業革命が進む近代後期に入り、生産手段を独占的に所有する資本家と、彼らが開設した工場が出現して、状況は一変した。

家内工業時代の職人さんたちは、自分の工房で、自分の道具を使って、自分の作品を生み出していた。ところが工場生産時代に入ると、人々は工場に働きに行き、工場に設置された機械にペースメークされながら、資本家のために生産物を作るようになった。

働く場所から、人々の「自分」が消えた。このことを確認したところで、三つ目小僧のタイムスリップの旅は終わった。

ただ、そのままタイムマシーンを降りてしまうのではなく、体半分を過去に残した状態で、三つ目小僧は、二人の偉人の労働観について考えた。

『国富論』の執筆者であり、経済学の生みの親であるアダム・スミス先生からは、「労働価値説」「労働犠牲説」、そして「高賃金論」について学んだ。

『資本論』の執筆者であり、共産主義概念の生みの親であるカール・マルクス先生には、労働に「必要性の領域」と「自由の領域」があることをご伝授頂いた。必要性の領域から自由の領域に進むことができた時、人々は労働を「自己対象化」し、労働を通じて自己表現できるようになる。

この時、労働は人間にとって「生命の第一欲求」、すなわち人生で最も欲しいものになる。その時、人々が能力に応じて働き、必要に応じて受け取る社会が成立する。それが共産主義社会の完成形だ。これがマルクス先生の教えだ。

三つ目小僧、二人の偉人に改めて教えを乞う

というわけで、三つ目小僧のここまでの旅を駆け足で振り返った。有り難いことに、ミ

ネルバの梟は、辛抱強く飛び立つのを待ってくれている。その思いやりに甘えて、今、三つ目小僧の頭の中で蠢いている思いを整理していく。第1章から第4章までの旅で発見した事々を、スミス先生とマルクス先生の教えに照らしてみると何が言えるか。

まず、スミス先生の3つの教え、すなわち労働価値説と、労働犠牲説と、高賃金論の観点から、21世紀の労働の現状を考えてみよう。

少なくとも日本に関する限り、現状は、先生の高賃金論に適っていない。かれこれ30年間にわたって賃金低迷状態が続いている。この状態は、スミス先生が敵対した重商主義者たちをさぞや喜ばせることだろう。日本の賃金低迷は、21世紀の資本による、21世紀の重商主義の表れだと言えるかもしれない。

スミス先生の高賃金論が満たされていないからこそ、21世紀の労働者たちは、働く動機の筆頭に金銭動機を挙げている。彼らの労働に関する理解は、多分に労働犠牲説的だ。労働の中に喜びを見出すのではなく、労働によって喜びを犠牲にさせられた分、応分の報酬を求めている。そのどこが悪いと見得を切っている。喜びを犠牲にして自分たちが投じた労働の価値を認めよと、21世紀の資本に要求している。

ここでマルクス先生の、労働に関する「必要性の領域」と「自由な領域」の対比、そして、人々における「自己対象化」の受け皿としての労働の価値の概念を導入して、考え進んでみよう。スミス先生の高賃金論が満たされていない中で働いている労働者たちは、必要性の領域で、労働に携わっていると言えるだろう。働かないと生活が立ち行かず、生命を維持することができない。だから働く。彼らの世界は「サバイバル労働」の世界だ。

マルクス先生によれば、協働が進み、技術が進歩すれば、このサバイバル労働の世界を極小化することができて、人々は、労働の自由の領域を主たる生きる場とすることができるという。その時、労働は、人々が自分の潜在能力を顕在化させるための舞台となる。その舞台上で自己を対象化し、名演技をもって自己を表現し、自己を実現することで、人々は自己に関する確証を得ることができる。

そこには、大いなる喜びが伴う。だからこの段階に入ると、労働は、人間にとって「生命の第一欲求」になる。喜びに満ち溢れて人々が労働に携われば、それに伴って、彼らの生産的勢いも高まる。すると、彼らの協同的富の全ての泉が、より豊かに湧き出でる。

そしてその時、社会はその旗印に次の文言を刻み付ける。「各人からはその能力に応じて、各人にはその必要に応じて！」（『ゴータ綱領批判』、翻訳筆者）。各人がみな嬉々として働いていれば、その社会には豊かさがみなぎる。だから、誰もが必要に応じて、必要なものを必要なだけ得られるというわけだ。

今の世の中、分業による協働は相当高度に発達している。ＡＩ導入をはじめとするデジタル化で、技術革新はどんどん進む。

だが、これらのことで人々はサバイバル労働と決別し、歓喜の労働の領域に踏み込めているか。もちろん、そうなってはいない。それどころか、ＡＩに仕事を奪われたり、スミス先生の高賃金論に適う状態への到達を阻止されたりしている。

どうしてこういうことになるのか。

答えは明らかだ。そこに資本による搾取があり、労働疎外があるからだ。

マルクス先生が指摘される通り、労働者とその労働との間に資本が介在すると、労働者と労働は決別を強いられる。労働者にとって、労働の果実は自分のものではなくなり、資本家のものになってしまう。そこに、労働による「自己対象化」はない。自己対象化がなければ、自己表現も自己実現も自己確証もない。生産の現場は、人々によるパフォーマンスの舞台ではなくなる。資本に対して、労働が、その果実を差し出す場になってしまう。

思えば、家内工業の職人さんたちにとって、彼らが手仕事で生み出した作品は、まさしく彼らの自己表現だった。そこには、彼らに内在する能力の「自己対象化」があった。間違いなく、職人たちはそこに、歓喜の労働の領域を見出していただろう。

サバイバル労働がゼロだったわけではないだろう。マルクス先生も、それはないとおっしゃっている。だが、腕のいい職人さんたちは、その創意工夫によってサバイバル労働の領域を極小化し、歓喜の労働の領域を押し広げることに奏功していただろう。彼ら元祖のフリーランサーたちは、確かに自由な槍としての自由さを満喫していたものと思われる。

これに引き換え、21世紀の自由な槍たちが当面させられている状況はどうか。

彼らは、自由の領域で働くつもりでフリーランサーになった。ところが、フリーランサーになってみれば、そこにあったのは必要性の領域でひたすらこき使われる世界であった。彼らの窮状は、どれほど、スミス先生を憤怒させることだろう。彼らが働く現場においては、労働が生み出す価値は、買い叩かれている。

彼らが労働のために犠牲にしているものは、実に大きい。家族に滅多に会えないとか、寝る暇もないというような形で喜びや楽しみを奪われている。それなのに、彼らに与えられる報酬は、圧倒的に多くの場合において、高賃金とはおよそ縁遠すぎる。だから、フリーランス・トラブル110番の電話が鳴りやまない。

21世紀型ステルス搾取とステルス疎外の真相

ここで、21世紀の資本による、21世紀の労働者に対する「搾取と疎外」の性格について、改めて考えておこう。

むろん、資本主義的生産様式が展開される現場について、マルクス先生がルポされたような古典的な搾取と疎外は今なおある。劣悪な環境下の長時間労働は、決して消え去っているわけではない。ブラック企業という言葉がすっかり定着しているくらいだ。

だが、それに加えて、21世紀の搾取と疎外には、それに固有の不気味さがある。その本質は、端的にいえば「やりがい詐欺」に集約されていると言えるだろう。21世紀の労働者たちは、スミス先生のお眼鏡に適うような高賃金を得ていない。労働の必要性の領域にとどまっている。その彼らに、あたかも自分たちが、労働の「自由な領域」に到達したような幻想を抱かせる。この企みが「やりがい詐欺」だ。

自分は、労働によって「自己対象化」が可能になっている。働くことによって自己を表現し、自己実現感を味わえている。承認欲求が満たされて嬉しい。この歓喜は、労働の自由な領域に身をおいていることがもたらす歓喜なのだ——。

そのように思い込ませるためのマインドコントロールが、今の世の中、様々な形で行われている。その急先鋒に立っているのが、若者たちのための就活支援サイトだ。彼らは、21世紀の資本の意図に敏感に反応して、そのお先棒担ぎの役割を果たしている。

「やりがい詐欺」の怖いところは、それに引っ掛かると、結構、心地良いことだ。評価されている。認められている。役に立っている。そういう気分に浸らせてくれる。古典的な搾取がもたらすような痛み苦しみは、そこにはない。自分の仕事の成果が高い評価を得れば、自己対象化を阻まれているという思いは生じない。仕事の成果によって承認欲求が満たされれば、その仕事の成果は自分のものだと感じる。そこに疎外感はない。搾取されているのに、疎外されているのに、それを実感できない。この仕立てが恐ろしい。

そこにあるのはすなわち、「ステルス搾取」であり、「ステルス疎外」だ。

マルクス先生は「宗教は民衆のアヘン」だと言ったが、ステルス搾取とステルス疎外は、21世紀の労働者にとってのアヘンだと言えそうである。

このステルス搾取とステルス疎外から、いかにして21世紀の労働者たちを解放するか。これから21世紀の労働者たらんとしている若者たちを、いかにすれば、このステルス虐待の世界から守れるのか。姿の見えない敵との闘いは難しい。知恵の女神は、どんな知恵を我々に授けてくれようとしているのか。

ミネルバの梟の飛び立つ先は、共感と覚醒が出会う場所

それを考える時、筆者の脳裏に浮かぶ言葉が2つある。その1が「共感主義社会」だ。その2が「ウォーク・キャピタリズム（woke capitalism）」だ。共感主義社会は、筆者の造語。ウォーク・キャピタリズムは近頃、欧米でボチボチ出始めている言葉である。

「共感主義社会」は、言うまでもなく、共産主義社会をもじっている。そして、そこには初代キリスト教会のイメージが込められている。

既述の通り、初代キリスト教会においても完成形共産主義社会においても、人々は、能力に応じて働き、必要に応じて受け取る。この社会の資産は、人々の共同管理下にある。両者のイメージは限りなく重なる。

初代キリスト教会が共産主義的であり、共産主義社会が初代キリスト教会的であることは、決して不思議なことではない。マルクス先生的には不本意かもしれないが、完成形共産主義社会のイメージは、神様が彼に与え置かれたものかもしれない。

ただ、この両者には違いもあるのだと思う。どこが違うかと言えば、それは「共感性」の有無なのではないかと思う。共感性は、スミス先生の十八番である。人間が人間である以上、そこには共感性がある。共感性とは、他者の喜びを喜び、他者の悲しみを悲しめることだ。共に歓喜し、共に痛む。

「共歓」と「共痛」。これが共感性の2つの顔だ。この2つの顔を、全ての構成員が持ち合わせているのが、共感主義社会だ。このような社会を創り上げることができた時、21世紀の労働者たちは、ステルス搾取とステルス疎外のアヘンを打ち捨てることができる。

そこで、21世紀の資本の魔の手から、21世紀の労働者を救出しようとしている我々は、初代キリスト教会をお手本にしながら、そこにスミス先生の「共感性」の論理を深く埋め込み、完成形共産主義社会にみなぎる歓喜の労働のエッセンスを投入する。

このような共同体として、21世紀の労働者たちが一致団結できれば、彼らは無敵になる。

21世紀の資本は、彼らに歯が立たなくなるだろう。

いかにして「共感主義社会」を構築するか。その具体論は、三つ目小僧にとって次の課題だ。このイメージにたどり着いたところで、さしあたりは精一杯である。

ただヒントはある。既述の「フリーランスユニオン」や「プロフェッショナル&パラレルキャリア・フリーランス協会」に希望を託したい。

さらには、この旅の中で取り上げることはできなかったが、「労働者協同組合」という概念にも、希望の萌芽《ほうが》があると考えられる。２０２０年に「労働者協同組合法」が成立し、２０２２年10月1日から施行されている。労働者による労働者のための協同組合という仕組みには、共感主義社会に通じる可能性を感じる。役所仕事と政治のご都合主義の中で、その理念が圧殺されないことを祈る。

その2の「ウォーク・キャピタリズム（woke capitalism）」は、海外メディアで少しずつよく目にするようになっている。日本でも、注目され始めている気配はある。

wokeはwake（目覚める）の過去形だ。〝stay woke〟と言えば、黒人英語で「目覚めていよう。意識を高く」という意味合いになる。

このwokeと資本主義を結びつけるとどうなるだろうか。「目覚めた資本主義」あるいは「覚醒資本主義」というところだ。企業経営者が、その社会的責任に無関心であることを許さない今日の経済社会環境を総称して、woke capitalismと呼ぶようになった。ニューヨーク・タイムズのコラムニストが、2018年に初めて使った表現だ。

「覚醒資本主義」に関しては賛否両論・評価様々だ。善良なる市民たちは、企業も高い社会的意識を持つのは当然だと考える。ひたすら利益追求に専念したい経営者たちにとって、「覚醒資本主義」は敵性用語だ。社会的責任意識の高い投資を呼び込みたいと考える経営者たちにとっては、「覚醒資本主義」は、「やってます」感を出すための恰好《かっこう》の隠《かく》れ蓑《みの》になる。そのような企みを疑う活動家たちは、「覚醒してるフリ資本主義」を糾弾する。

筆者も善良なる市民だ（多分）。だから、資本主義が目覚めているのは当然だと思う。どうしても目覚められないようなら、資本主義は存続に値しない。資本主義は、経済活動の有り方だ。そして経済活動は人間の営みだから、人間を幸せにできなければいけない。社会的意識が眠り込んでいたのでは、経済活動は人間を不幸にする。だから、やはり目覚めていなければならない。

現に、聖書にも、「目を覚ましていなさい」というイエス・キリストの教えがある（『マルコによる福音書』13・32〜37）。旅に出たご主人がいつ帰って来てもいいように、しっかり目覚めて待機していなさい。イエスはそうおっしゃっている。いつでも、信仰を研ぎ澄まされた覚醒状態にしておきなさい、ということだ。かくして、stay woke は神の教えなのである。

真心をもって目覚めた資本主義。そのようなものが成り立つのだろうか。21世紀の労働者を、ステルス搾取とステルス疎外をもってからめ捕ろうとする21世紀の資本が、そのような覚醒の領域に果たして踏み込むことができるか。できるとすれば、そこに労働の自由な領域の地平が広がるかもしれない。

共感主義と本当のウォーク・キャピタリズムの交点。そこに、21世紀の資本が、自分たちの抱く「21世紀の労働観」の中に21世紀の労働者たちを封じ込めることを、阻止するエネルギーが形成されている。そのように感じられてきた。

共感と覚醒。この2つの言葉が合体する時、そこに、人間を幸せにできる本来の経済活動の姿があり、その経済活動の姿の中に、人と幸せをつなぐ蝶番としての労働の本来の有り方が結実している。そのように思えてきた。目指すは、共感と覚醒の交差点。それが、知恵の女神がその使者に託した我々への伝言だ。

共感ある覚醒。覚醒ある共感。そこにあるのは、いかがわしきものに幻惑されない人々の賢さだ。それが、21世紀の労働が具備すべき賢さだ。

そのような賢さを身につけた21世紀の労働は、21世紀の資本さえ、その愚かしさと我欲から解放することができるだろう。

よし。ここまで来たら、三つ目小僧はミネルバの梟にしっかり付いていけそうだ。

いざ、飛翔されんことを！

おわりに

今回の旅も、ついに何とかゴールにたどり着いた。だが、全ての旅は次の課題の発見で終わる。それが発見の旅の宿命だ。共感と覚醒の交点に何があるのか。それをさらに探求したいところだ。次は、スミス先生とマルクス先生に、21世紀にタイムトラベルして頂き、知恵を授けて頂きたいところだ。女神ミネルバとその梟さんにも、初代教会の皆さんにもおいで頂きたいものだ。実はもう一人、今回ご一緒できなかったアルフレッド・マーシャル先生にもおいで頂きたいと密かに考えていたりする。

今回の旅にも、超人的に忍耐強い友にご同行頂いた。青春出版社の名編集者、赤羽秀是さんである。よくぞ、見捨てられなかったものだと思う。筆者の遅筆がもたらす身の危険を承知の上で、それでも、ひたすら励ましのお言葉をかけ続けて頂いた。その存在なくして、本書は決してここまで到達していない。ひたすら深謝、また深謝である。

２０２２年11月

浜　矩子

帯写真／富本真之
本文デザイン／センターメディア

青春新書
INTELLIGENCE

こころ涌き立つ「知」の冒険

いまを生きる

"青春新書"は昭和三一年に——若い日に常にあなたの心の友として、その糧となり実になる多様な知恵が、生きる指標として勇気と力になり、すぐに役立つ——をモットーに創刊された。

そして昭和三八年、新しい時代の気運の中で、新書"プレイブックス"にその役目のバトンを渡した。「人生を自由自在に活動《プレイ》する」のキャッチコピーのもと——すべてのうっ積を吹きとばし、自由闊達な活動力を培養し、勇気と自信を生み出す最も楽しいシリーズ——となった。

いまや、私たちはバブル経済崩壊後の混沌とした価値観のただ中にいる。その価値観は常に未曾有の変貌を見せ、社会は少子高齢化し、地球規模の環境問題等は解決の兆しを見せない。私たちはあらゆる不安と懐疑に対峙している。

本シリーズ"青春新書インテリジェンス"はまさに、この時代の欲求によってプレイブックスから分化・刊行された。それは即ち、「心の中に自らの青春の輝きを失わない旺盛な知力、活力への欲求」に他ならない。応えるべきキャッチコピーは「こころ涌き立つ"知"の冒険」である。

予測のつかない時代にあって、一人ひとりの足元を照らし出すシリーズでありたいと願う。青春出版社は本年創業五〇周年を迎えた。これはひとえに長年に亘る多くの読者の熱いご支持の賜物である。社員一同深く感謝し、より一層世の中に希望と勇気の明るい光を放つ書籍を出版すべく、鋭意志すものである。

平成一七年

刊行者　小澤源太郎

著者紹介
浜 矩子〈はまのりこ〉
1952年、東京都生まれ。一橋大学経済学部卒。三菱総合研究所初代英国駐在員事務所所長、同社政策・経済研究センター主席研究員などを経て、2002年より同志社大学大学院ビジネス研究科教授。エコノミスト。専攻はマクロ経済分析、国際経済。著書に『「共に生きる」ための経済学』(平凡社新書)、『愛の讃歌としての経済』(かもがわ出版)、『人はなぜ税を払うのか』(東洋経済新報社)などがある。

人《ひと》が働《はたら》くのはお金《かね》のためか
青春新書 INTELLIGENCE

2023年2月15日 第1刷

著者 浜《はま》 矩《のり》子《こ》

発行者 小澤源太郎

責任編集 株式会社プライム涌光
電話 編集部 03(3203)2850

発行所 東京都新宿区若松町12番1号 〒162-0056 株式会社青春出版社
電話 営業部 03(3207)1916 振替番号 00190-7-98602

印刷・中央精版印刷 製本・ナショナル製本

ISBN978-4-413-04652-7

こころ涌き立つ「知」の冒険！

青春新書 INTELLIGENCE

なぜか、やる気がそがれる 問題な職場	見波利幸	PI·554
中学単語でここまで通じる！ 英会話〈ネイティブ流〉使い回しの100単語	デイビッド・セイン	PI·555
江戸の「水路」でたどる！ 水の都 東京の歴史散歩	中江克己	PI·556
政権を支えた仕事師たちの才覚 官房長官と幹事長	橋本五郎	PI·557
ジェフ・ベゾス 未来と手を組む言葉	武井一巳	PI·558
【最新版】「うつ」は食べ物が原因だった！	溝口 徹	PI·559
日本一相続を扱う行政書士が教える 子どもを幸せにする遺言書	倉敷昭久	PI·560
ネット断ち 毎日の「つながらない1時間」が知性を育む	齋藤 孝	PI·561
ドイツ人はなぜ、年290万円でも生活が「豊か」なのか	熊谷 徹	PI·562
人をつくる読書術	佐藤 優	PI·563
定年前後「これだけ」やればいい	郡山史郎	PI·564
理系で読み解く すごい日本史	竹村公太郎［監修］	PI·565
図解 うまくいっている会社の「儲け」の仕組み	株式会社タンクフル	PI·566
子どもの自己肯定感を高めるヒント 「いい親」をやめるとラクになる	古荘純一	PI·567
図説 地図とあらすじでスッキリわかる！ 動乱の室町時代と15人の足利将軍	山田邦明［監修］	PI·568
「手放す」ことで、初めて手に入るもの 50歳からのゼロ・リセット	本田直之	PI·569
英会話 その勉強ではもったいない！	デイビッド・セイン	PI·570
「脳が老化」する前に知っておきたいこと	和田秀樹	PI·571
図説 地図とあらすじでわかる！ 万葉集〈新版〉	坂本 勝［監修］	PI·572
最新医学からの検証 うつと発達障害	岩波 明	PI·573
僕らの世界を作りかえる哲学の授業	土屋陽介	PI·574
写真で記憶が甦る！ 懐かしの鉄道 車両・路線・駅舎の旅	櫻田 純	PI·575
「下半身の冷え」が老化の原因だった	石原結實	PI·576
薬は減らせる！ いつもの薬が病気・老化を進行させていた	宇多川久美子	PI·577

こころ涌き立つ「知」の冒険!

青春新書
INTELLIGENCE

真相解明「本能寺の変」 光秀は「そこに」いなかったという事実	菅野俊輔	PI·626
13歳からのキリスト教	佐藤 優	PI·627
知らないと怖い がん検診の真実	中山富雄	PI·628
「給与明細」のカラクリ	梅田泰宏	PI·629
いい人間関係は「敬語のくずし方」で決まる	藤田尚弓	PI·630
常識として知っておきたい日本語ノート	齋藤 孝	PI·631
定年格差 70歳でも自分を活かせる人は何をやっているか	郡山史郎	PI·632
「ヨーロッパ王室」から見た世界史	内藤博文	PI·633
お酒の「困った」を解消する最強の飲み方	溝口 徹	PI·634
「食」の未来で何が起きているのか フードテックのすごい世界	石川伸一［監修］	PI·635
その「うつ」っぽさ適応障害かもしれません	岩波 明	PI·636
脳の寿命を決めるグリア細胞 実は、思考・記憶・感情…を司る陰の立役者だった	岩立康男	PI·637
いま知らないと後悔する2024年の大学入試改革	石川一郎	PI·638
自己肯定感という呪縛 なぜ低いと不安になるのか	榎本博明	PI·639
孤独の飼い方 群れず、甘えず、私らしく生きる	下重暁子	PI·640
ユダヤ大富豪に伝わる最高の家庭教育	天堤太朗	PI·641
UCLAで学んだ「超高速」勉強法	児玉光雄	PI·642
世界史で深まる クラシックの名曲	内藤博文	PI·643
一瞬で心が整う「色」の心理学 色の力で、仕事・人間関係・暮らしの質を上げる	南 涼子	PI·644
70代現役!「食べ方」に秘密あり	生島ヒロシ 石原結實	PI·645
「生前贈与」のやってはいけない 知らないと損する相続の新常識	税理士法人レガシィ 天野 隆 天野大輔	PI·646
「中学英語」を学び直すイラスト教科書	晴山陽一	PI·647
暮らしを彩る日本の伝統 「文《もん》様《よう》」のしきたり	藤依里子	PI·648
すごいタイトル㊙法則	川上徹也	PI·649